**저소비 생활**

**TEI COST LIFE**

Copyright © 2023 KAZENOTAMI
All rights reserved.
Original Japanese edition published in Japan by Asahi Shimbun Publications Inc.
Korean translation rights arranged with Asahi Shimbun Publications Inc.
through Imprima Korea Agency.

이 책의 저작권은 Imprima Korea Agency를 통한
Asahi Shimbun Publications Inc.와의 독점 계약으로 ㈜알에이치코리아에 있습니다.
저작권법에 의해 한국 내에서 보호를 받는 저작물이므로 무단전재와 복제를 금합니다.

돈도 마음도
낭비 없이
나만의 행복을 버는

# 저소비 생활

가제노타미 지음
정지영 옮김

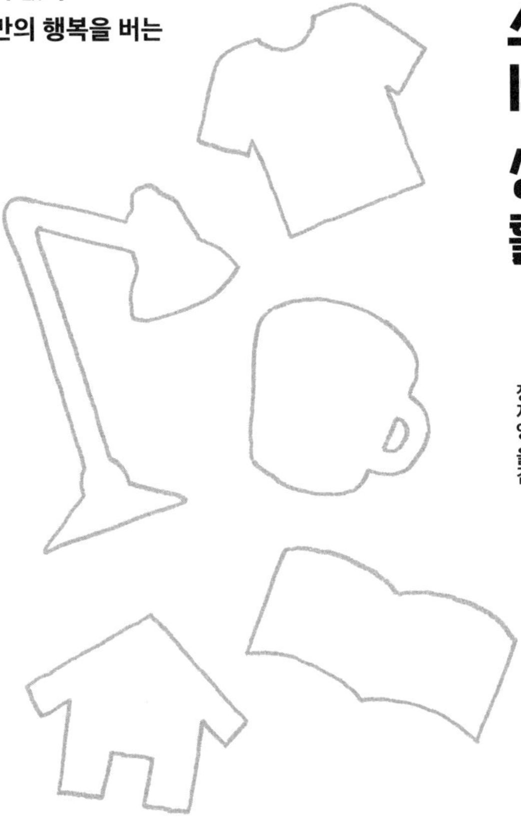

RHK
알에이치코리아

## 추천의 글

돈을 적게 쓰는 것이 목표가 아니라, 나답게 사는 것이 목표라는 점에서 '절약의 정석'과 같은 책입니다. 저자는 억지 절약이나 무기력한 포기를 말하지 않습니다. 대신, 불필요한 소비를 줄이고 진짜 필요한 것에만 집중하는 '작지만 풍요로운 삶'을 보여줍니다.

한 달 생활비 70만 원이라는 구체적인 기준은 단순한 절약이 아닌, 스스로의 행복을 지키기 위해 선택한 기준입니다. 책 속 이야기를 따라가다 보면 소비를 줄이는 것이 곧 마음을 가볍게 하고, 일상을 단단하게 만든다는 사실을 자연스럽게 깨닫게 됩니다.

무리해서 벌고, 의미 없이 쓰고, 후회하는 소비 패턴에서 벗어나고 싶은 분들에게 이 책은 현실적이면서도 따뜻한 안내서가 될 것입니다! 나답게 쓰고 사는 법, 소비와 마음의 균형을 찾는 법을 배우고 싶은 모든 분께 이 책을 진심으로 권합니다.

**_곽지현(자취린이)**
《이 책은 돈에 관한 동기부여 이야기》 저자
SBS 〈생활의 달인〉 및 tvN 〈유 퀴즈 온 더 블럭〉 출연


내 삶의 가치 있는 것들에만 선택과 집중을 하는 미니멀 라이프만으로도 나는 충분히 행복해질 수 있다.
'혹시 소비가 줄면 행복도 줄어들지 않을까?' 걱정하는 당신이라면 일상의 아무런 불편함 없이 소비를 줄여주며 또 그럴수록 더욱 건강한 삶을 만들어 주는 이 책을 권한다.

**_김경필**
《딱 1억만 모읍시다》 저자
KBS 〈하이엔드 소금쟁이〉 및 '돈쭐남' 머니 트레이너

**일러두기**

----

· 이 책의 본문은 한글 맞춤법 및 외래어 표기법을 따르는 것을 원칙으로 하되, 일부 관용적인 표현은 예외를 두었습니다.
· 본문의 각주는 편집자 주입니다.

## 머리말

"생활비를 다시 점검하고 싶어."
"돈을 모아서 일상과 마음에 여유를 갖고 싶어."

하지만 어떻게 할 수 있을까?

일이 힘들다고 갑자기 관둘 수도 없고, 생활에 답답한 부분이 있어도 구체적으로 뭐가 문제인지 확 떠오르지 않는다. 매일 일어나는 일상 속의 일은 뭐부터 손을 대야 좋을지 모르겠다.

몇 년 전 나도 완전히 같은 마음이었다. 그래서 지금도 꾸준히 정진하는 중이다.

나는 현재 한 달에 월세 포함 약 70만 원(7만 엔)으로 소박한 생활을 하고 있다. 유튜브 채널 '가제타미 라디오'를 통해 '나와 내 생활 재정비하기'라는 주제로 구독자들과 만나는 중이다.

원래 회사를 다녔지만, 나에게 맞지 않는 환경에 있는 사이 몸과 마음이 병들어 가는 것을 느꼈다. 내게 맞는 일과 생활 방식을 모색하다 보니 자연스럽게 적은 물건과 돈으로 사는 라이프 스타일을 가지게 됐다.

팬데믹, 인플레이션, 물가 변동 등 우리 생활을 둘러싼 환경의 변화는 현기증이 날 만큼 따라가기 어렵다. 유튜브 구독자들의 반응을 살펴보니, 최근 몇 년 사이 돈 관리법에 관심 있는 사람들이 전례 없이 늘어난 듯하다. 분명 이 책을 집어 든 여러분도 그런 불안을 해소하고 싶은 마음이 있을 것이다.

내가 첫머리에서 전하고 싶은 바는 '적은 물건과 돈으로 살아가는 일=인내'가 아니라는 점이다. 소박하게 산다고 하면 "항상 즐겨 먹던 빵을 사지 않는다"라는 식으로 참고 견디는 방법을 떠올리는 사람이 많다. 그런 급

제동과 같은 인내는 일시적으로 돈을 모으거나 생활 규모를 줄일 수는 있으나, 장기적으로 보면 심적으로 답답하고 요요가 올 수도 있다.

그럼 어떻게 해야 생활비를 줄이면서도 자기 나름대로 만족하며 살 수 있을까?

내가 깨달은 답은 이렇다. '적은 물건과 돈으로 살아가는 일=제 모습으로 되돌아가는 일'이라고 다시 생각해보는 것이다.

하고 싶은 일을 참기보다 불필요한 물건을 짊어진 생활이나 소비 흐름을 제자리로 되돌린다고 생각하면, 자연스레 생활이 간소화되고 돈이 이전보다 필요 없어진다. 즉 '저소비 생활'이라는 생활 방식은 단순한 절약이 아니라 있는 그대로의 나로 되돌아가는 작업이라고 할 수 있다.

절약은 하고 싶은 일을 참는 것이라고 생각하는 사람에게는 거짓말처럼 들릴 수도 있다. 하지만 생활 속에서 스스로 실험을 거듭한 끝에 나는 적은 물건과 돈으로 살아가는 삶, 즉 있는 그대로의 내 모습으로 되돌아간 생활에 도달해 현재 매우 만족스럽게 살고 있다.

저소비 생활의 사고방식은 다음과 같다. 예를 들어 생활비를 줄이기 위해 '항상 스타벅스에서 독서를 즐겼지만 이번엔 참자'라며 스스로를 통제하는 경우가 있을 것이다. 이럴 때 무조건 참기보다 '나는 스타벅스의 무엇을 좋아하는가?', '돈을 쓰지 않고 할 수 있는 방법은 없을까?'라고 잠시 생각해 보는 것이다.

**"스타벅스가 좋다"**
- 매장의 음악을 들으면서 독서하는 것이 좋다.
    - → 집에서 음악을 틀어놓고 할 수 있을지도 모른다.
- 외출해서 커피 마시는 것을 좋아한다.
    - → 텀블러에 담은 인스턴트커피와 집에 있는 간식을 들고 나가 가까운 공원에서 여유로운 시간을 보내기만 해도 좋을 수 있다.

이렇게 '나는 ○○가 좋다'라는 생각도 세부적으로 분해하면 의외로 행복의 근원을 발견할 수 있다.

내가 어떤 부분에서 만족과 행복을 느끼는지 주의 깊게 살펴보면 정말 좋아하는 요소에 가닿을 것이다. 이는 저도 모르는 사이 물들어 있던 고정관념에서 자신을 해방하는 작업이다.

고정관념을 내려놓으면 생활과 마음이 점점 가벼워진다. 그러면 집에서 음악을 들으며 여유를 즐기거나 공원에서 느긋한 시간을 보내면서 전에 미처 알지 못했던 마음에 드는 나의 모습을 만날 수 있다. 그렇게 하나씩, 또 하나씩 새로운 즐거움이 늘어간다. 게다가 돈의 힘을 크게 빌리지 않게 된다.

이 책에서는 돈의 사용과 관리 방법, 의식주와 관련된 생활 습관과 사고방식까지 내가 스스로 만족스러운 상태를 추구하며 온갖 시행착오를 거치면서 얻어낸 저소비 생활 방식을 소개하려 한다.

또한 각 장의 마지막에는 SNS나 가제타미 라디오로

들어온 여러분의 질문에 내 방식대로 답을 내놓은 Q&A 코너를 마련했다.

책 내용을 무조건 따라 하겠다고 강박적으로 읽기보다 친구의 친구 이야기라는 느낌으로 편하게 읽어나갔으면 좋겠다. '안 맞으면 관두면 그만이야'라는 가벼운 마음을 갖고 궁금한 내용은 꼭 실천해 보길 바란다.

이 책에서 나오는 방법은 기본적으로 시도하는 데 돈이 들지 않는다. 오히려 실행하지 않으면 계속해서 돈이 새어 나갈지도 모른다. 돈이라는 측면이 아닌 부분에서도 뜻밖의 깨달음이 있을 수 있다.

나는 유튜브에서 "가제타미 라디오에서 알게 된 방법으로 식비를 많이 남겼어요", "돈 관리가 엉망이었는데, 저축을 하게 되었어요" 등 깜짝 놀랄 만큼 기쁜 소식을 듣기도 한다. 그것은 내 힘이라기보다 그분이 필요한 때에 필요한 메시지를 만난 결과라고 생각한다.

여러분이 이 책을 펼쳐 든 것도 분명 지금 무언가가

필요하기 때문일 것이다. 책 속에서 유난히 마음 가는 페이지가 지금 여러분에게 가장 필요한 내용일지도 모른다.

차례

( 추천의 글 ) 004
( 머리말 ) 007

## 제0장 저소비 생활이란?

억지 노력이 없는 삶 021
노력하면 좋아지겠지교 026
숨만 쉬어도 돈이 줄어든다는 불안 029
잘나가는 사람들 사이에 끼이다 031
나는 강인하지도 멋지지도 않다 034

**덧붙이는 이야기**
**해를 보며 살아가는 생활** 040

## 제1장 돈을 정리한다

몰라서 불안해진다 047
저소비 생활의 실제 생활비 050
저축이 먼저가 아니라 생활비가 먼저다 053
나의 고정비와 변동비 057
나의 지출 관리 루틴 059
월초에는 빈약하게, 월말에는 사치스럽게 068
소비를 줄이는 도구 078

| | | |
|---|---|---|
| | 투자가 있어 다행이다 | 081 |
| | 돈을 쓰기 전에 머리를 쓴다 | 087 |
| | 돈이 필요 없는 환경 | 096 |
| | 일×취미×일상의 조합을 탐구한다 | 107 |
| | 생활의 조합을 스스로 정한다 | 114 |

**덧붙이는 이야기**
**궁금한 것은 모조리 해보기** 117

---

**제2장**

**의식주를 정리한다**

| | |
|---|---|
| 줄이는 것이 아니라 늘리지 않는다 | 123 |
| 바로 사지 않는 연습 | 124 |
| 큰 변화는 가성비가 나쁘다 | 127 |
| 정말로 바라는 것 | 129 |
| 정보 과잉의 시대 | 131 |
| 항상 사용하는 것을 잘 살핀다 | 134 |
| 생필품과 사치품 | 138 |
| 옷을 고르는 기준 | 140 |
| 취향을 확고히 한다 | 143 |
| 새것으로 사지 않는다 | 144 |
| 전기 주전자와 밥솥 | 146 |
| 먹을 만큼만 사서 만든다 | 149 |
| 몸의 소리를 듣는다 | 151 |
| 찾을 것이 없는 환경 | 152 |

| | | |
|---|---|---|
| | 메인 디시가 있는 공간 | 156 |
| | 증정용 접시와 고급 접시 | 158 |
| | 마음 편한 것을 소중히 한다 | 161 |

**저소비 상담실**

Q. 가지고 있는 옷은 얼마나 되나요? — 164
Q. 언젠가 필요할지도 몰라서
  못 버릴 땐 어떻게 해야 할까요? — 165

---

**제3장**

**생각과 습관을 정리한다**

| | |
|---|---|
| 부드럽게 들어오는 압박 | 169 |
| 스스로 선택하고 스스로 결정한다 | 172 |
| 조직에 소속되어 있어야 한다는 환상 | 176 |
| 자기 자신을 능숙하게 칭찬한다 | 178 |
| 자신감을 북돋는 방법 | 182 |
| 스마트폰과 내면을 정기적으로 확인한다 | 185 |
| 고집은 취급주의 | 188 |
| 일단 좋아하는 일을 한다 | 190 |
| 일이 잘 풀리지 않을 때는 멈춰본다 | 191 |
| 나의 감각에 집중한다 | 193 |
| 한눈에 알 수 있는 것 | 196 |
| 관두는 것에 익숙해진다 | 200 |
| 자가소비 시스템 | 205 |
| 돈에 구애받지 않는 생활 | 208 |

| | |
|---|---:|
| 고치는 것이 아니라 되돌린다 | 210 |
| 서두르지 말고 조급해하지도 말자 | 211 |
| 지금의 삶을 배에 비유한다면 | 214 |
| 행복했던 일을 되돌아본다 | 217 |
| 행복과 행운은 다르다 | 222 |

**저소비 상담실**

**Q. 답답할 때 스트레스를 푸는 나름의 방법이나 생각법이 있나요?**    224

---

## 제4장 생활을 지키는 마음가짐

| | |
|---|---:|
| 물살이 잔잔한 곳으로 간다 | 229 |
| 남은 것은 기다림뿐 | 232 |
| 멈추는 연습을 한다 | 234 |
| 깨끗이 포기한다 | 239 |
| 이미 가진 것에 눈을 돌린다 | 244 |
| 내려놓는 연습을 한다 | 246 |

**저소비 상담실**

**Q. 실천하기 귀찮을 땐 어떻게 해야 하나요?**    250

---

( **맺음말** ) 행복에 대해 생각하다    252

# 제0장

---

# 저소비
# 생활
# 이란?

---

## 억지 노력이 없는 삶

 몇 년 전까지 중소기업에서 지극히 일반적인 회사원 생활을 했던 나는 지금은 SNS에 게시물을 올리거나 글을 집필하는 나날을 보내고 있다.

 여느 직장인처럼 컨디션이 어떻든 쉼 없이 일하며 사회생활의 태반을 보냈지만, 지금은 일에 열심일 때도 있고, 내 역량에 따라 휴식하는 기간도 꽤 있는 편이다. 이렇게 내 방식대로 살아갈 수 있다는 것은 참으로 감사한 일이다.

 지금처럼 살게 된 후로 감기 한 번 걸린 적 없으니, 그 사실이 나한테 이 생활이 맞다는 가장 큰 증거라는 생각이 든다.

이렇듯 노력하지 않는(노력할 수 없는) 프리랜서로 살아온 지도 벌써 5~6년이 지났다. 이 자유롭고 적당한 생활은 저소비로 살고 있기에 가능하다. 돈이 많이 필요한 고소비 생활을 했다면 30대 중반이나 되어 이처럼 도전적인 일을 해볼 마음조차 들지 않았을 것이다.

자신이 해보고 싶은 일을 주저하지 않고 시도할 수 있는 것이 저소비 생활의 장점이라고 절실히 실감하는 중이다.

누군가에게 자랑할 만큼의 이야깃거리도 아니지만, 현재 내가 지내고 있는 일상을 이야기해 보겠다.

아침에 주변이 밝아오면 저절로 눈이 떠지면서 하루가 시작된다. 세수를 하고, 근력 운동으로 가볍게 몸을 움직인 뒤에 서둘러 청소, 빨래, 식사 준비를 마친다. 그다음 컨디션, 기분, 그날의 날씨나 계절에 맞춰 오늘은 무슨 일을 할지 결정한다.

끝없는 업무에 시달리는 일도 없어서 저녁 무렵에는 여러 일이 대체로 마무리된다. 날이 어둑해지면 슬슬 수면 준비에 들어가고, 밤에는 책을 읽거나 졸리면 잠자리에 든다.

현재 나의 본업은 유튜브 채널 운영이고, 남는 시간에 낮잠, 독서, 산책을 하거나 미술관에 간다. 이따금 보유한 주식을 살피기도 한다. 국내 여행을 자주 가던 시기도 있었지만, 지금은 집에서 보내는 시간이 많아졌다. 최근 몇 년 사이 생활 모습이 많이 바뀌었다.

어른들은 무심코 세상의 규칙에 자신을 옭아매지만, "하지 않으면 안 돼"라며 억지로 움직이는 것이 아니라 날씨가 좋으면 햇볕을 쬐고, 비가 오면 책을 읽는 식으로 그저 그때그때 하고 싶은 일을 하는 삶도 괜찮다. 내가 가진 작은 소망대로 지내는 생활도 나쁘지 않다는 느낌이다.

최근 어느 달의 생활비를 대강 소개하자면 이렇다.

- 월세 약 50만 원
- 수도·전기·가스·통신비 약 8만 6,000원
- 식비 약 3만 9,000원

- 교제·오락비 약 2만 8,000원
- 옷·생필품비 0원
→ **합계 약 65만 3,000원**°

   자세한 소비 내역은 앞으로 다루겠지만, 큰 틀은 월세를 포함해 한 달에 70만 원 정도다. 돈을 지출하는 곳은 거의 정해져 있고, 평소 식비에 사용하는 경우가 대부분이다. 월세나 통신비는 집에서 유튜브 녹음 작업을 안 하면 더 줄일 수도 있겠지만, 일단 과도한 스트레스 없이 살기 위한 생활비는 이 정도다.

   하지만 나도 처음부터 이 금액으로 생활했던 것은 아니다. 혼자 17년 동안 살면서 조금씩 손을 보고 맞춰진 금액이다. 지금의 생활 방식에 이르기까지 방황한 시기를 나는 '유랑민 시대'라고 부른다.

   당시 평균적인 한 달 지출액을 꼽아보면 대략 다음과 같았다.

---

°    이해를 돕기 위해 '일본의 100엔 = 한국의 1,000원'으로 치환했다.

- 월세 약 60만 원
- 수도·전기·가스·통신비 약 15만 원
- 식비 약 20만 원
- 교제·오락비 약 30만 원
- 옷·생필품비 약 5만 원
- 용도 불명 30만~50만 원
→ **합계 약 160만~180만 원**

마지막 금액이 중요한데, 무엇에 돈을 썼는지 모르는 용도 불명의 돈이 항상 발생했다.

당시에는 이런 식으로 돈을 쓰곤 했다. 일단 직장 사람들과 친해지고 싶어서 그럴듯해 보이는 옷을 자주 구매했다. 옷도 그렇지만, 돈이 더 들어갔던 곳은 점심이나 커피값 같은 교제비였다. 같이 먹는 간식과 점심은 물론, 밤에도 사람들과 보내는 것이 좋다고 생각해서 많은 이들과 어울렸다. "○○씨 이거 좋아하시죠?"라며 동료나 상사가 좋아하는 것을 사서 선물한 적도 있었다.

이런 나날을 보내다 보니 아무리 일을 해도 돈이 술술

새어 나갔고, 열심히 절약해도 돈이 모이지 않는 지경에 이르렀다. 정말 서글프지 않은가?

## ( 노력하면 좋아지겠지교 )

예전에는 일단 회사에 들어가서 계속 일하다 보면 경제적으로 불안하지 않을 것이라고 믿었다. 열심히 하면 반드시 보답이 오리라 생각했다. 그러나 실제로는 그리 단순하지 않았다. 몸이 부서져라 일해도 돈은 모이지 않았고, 오히려 고생만 늘어가는 미스터리한 현상이 일어났다.

예를 들어, 열심히 일한 자신에게 보상 심리가 발동해 돈을 쓴 경험은 누구나 있을 것이다.

하지만 보상도 남발하다 보면 어느새 주머니가 텅텅 비게 된다. 처음부터 보상이 필요할 정도로 무리해서 일하지 않으면 과도한 보상 비용이 발생할 일도 없을 텐데 말이다.

많이 일하고 많이 벌 때는 개인적인 시간을 낼 수가 없어서 스트레스로 몸과 마음이 피폐해졌다. 결국 병원 치료비에 애서 벌어놓은 돈을 쏟아부어야 했다. 적당히 일하면서 적당히 벌 때는 개인적인 시간이 있었지만, 남는 에너지를 주체하지 못해서 쓸데없는 비용에 돈을 탕진하기도 했다.

수입이 많은 것보다 수중에 많이 남기는 것이 중요한데, 당시의 나는 그 사실을 깨닫지 못했다.

'일이란 다 그런 거지'라고 믿었기 때문에 생각만큼 적금이 쌓이지 않아도 어쩔 수 없다고 단정 짓고, 일하는 방식을 재검토하려고도 하지 않았다.

나는 그 상태를 '노력하면 좋아지겠지교'라고 부른다. 이 종교는 수입뿐만 아니라 지출도 늘어나서 어떤 의미에서는 수입이 줄어드는 무서운 믿음이다. 이 상태에 익숙해지면 자신이 고장 나 있다는 사실을 깨닫지 못한다.

실질적으로 수입보다 지출이 많은 상태가 되지 않으려면 실제 돈의 흐름을 차분하게 되짚어 봐야 한다. 아무리 단비가 많이 내려도 모아둘 곳이 없으면 빗물은 계속 흘러가고 만다. 그냥 무작정 일하는 것이 아니라 얻은 것을 제대로 수중에 유지하는 방법을 습득해 둘 필요가 있다.

저소비 생활은 돈의 흐름을 정리하는 과정을 통해 자신이 짊어진 억지 노력의 짐을 점점 내려놓는 작업이며, 있는 그대로의 내 모습에 만족하는 상태로 돌아가기 위한 수단이다.

또 하나 저소비 생활을 위해서는 무리하지 않아야 한다. 내가 '노력하면 좋아지겠지교'에서 눈을 뜬 계기는 '회사원이어야 한다', '집단에 속해야 한다'라는 고정관념을 의심하기 시작하면서부터였다.

분명 회사에 근무하면 안정적인 수입을 얻을 수 있지만, 조직 생활에 맞는 사람이 있고 맞지 않는 사람이 있다. 그 사실을 깨닫는 데 오랜 시일이 걸렸지만, 나는 결코 회사원이 맞지 않는 유형이었다.

맞지 않는 일을 계속하면 결국 무리하게 되고, 그것을 보충하기 위해 돈이 필요해지는 것이 아닐까?

나는 저소비 생활로 규모가 작은 삶을 살게 되면서 무슨 일을 언제, 어디서 할지 자유롭게 정하며 생활하고 있다. 나 자신에게도, 생활에도 별로 불만이 없고 불안도 느끼지 않게 되자 쓸데없는 지출 자체가 상당히 줄어들었다.

어떤 삶을 살고 싶은지, 어떤 생활 방식으로 살고 싶은지는 각자의 자유다. 누가 뭐래도 인생은 자신의 것이다. 억지로 누군가에게 맞출 필요는 없다.

## 숨만 쉬어도 돈이 줄어든다는 불안

세상에는 온갖 정보가 넘쳐나서 나의 가치관을 지키며 살아가기란 여간 쉽지 않다. 주위의 의견에 휩쓸릴 위험도 많아서 자기 자신을 유지하기도 버겁다.

유랑민 시대의 나는 생활이 불안정해서 이직을 거듭했다. 매번 처음부터 새로운 환경에서 시작하는 만큼 안정적인 수입을 기대했지만, 경제적으로도 힘든 일이 더 많았다. 그래서 그 시절이 가장 고달팠던 기억이 있다.

그렇다면 이직하지 말고 한 회사에서 오래 일하면 될 것 같지만, 침착하게 회사를 고르지 못하고 무직인 상태에서 줄어드는 잔고를 보는 것이 불안→들어갈 수 있는 회사에 우선 입사→마음에 들지 않아 빠르게 퇴사→일이 없는 기간이 또 불안…. 정신을 차리고 보니 이런 악순환에 빠져 헤어 나오지 못하게 되었다.

그리고 어느새 그런 고달픈 일상에 익숙해지고, 힘들다는 생각조차 잊은 채 내가 원하는 생활에서 점점 멀어지고 말았다.

지금이라면 침착하게 악순환을 끊을 수 있겠지만, 당시에는 일이 없고, 수입이 없고, 수중에 돈이 없는 상태를 상상하면 머릿속이 불안으로 가득 차서 침착하게 상황을 개선할 수 없었다.

경제적인 불안은 나 자신을 잃게 하고, 불확실한 상태로 몰아넣는다.

## 잘나가는 사람들 사이에 끼이다

　나에게 맞지 않는 일을 무리해서 하면 고통을 치유하기 위해 돈이 필요하기 마련이다. 내 경험상 매일 열심히 일하는데 뭔가 잘되지 않을 때는 나에게 맞지 않는 환경에 놓여 있는 경우가 대부분이었다.

　내가 나와 가장 동떨어진 생활을 했던 때는 도쿄의 미나미 아오야마南青山에 사무실을 둔 회사에 근무할 때였다. 처음에는 세련된 동네로 출퇴근하면서 마음이 설렜다. 하지만, 현실은 물가가 너무 비싸서 점심 한 끼도 해결하기 벅찬 날들을 보냈다.

　주위에는 부촌인 미나토구港区에 거주하는 화려한 사장 부부, 유명 디자이너 브랜드 옷으로 치장한 선배들이 있었다. 거래처에도 온몸에 트렌드를 휘감은 듯한 대형 광고기획사의 영업사원들이 눈에 띄었다.

　그곳에서 일하면서 잘나가는 분위기를 풍기는 주변 사람들이 이 세상의 정답처럼 보였고, 점점 자신감을 잃어갔다. '이 사람들의 센스에 익숙하지 않은 내가 이상한

게 아닐까?'라는 느낌을 받았다.

업무 자체에서 발생하는 스트레스뿐만 아니라 주변과의 부조화도 상당한 마음의 부담이 되었다.

학교나 회사 같은 소규모 집단에서 오래 지내다 보면 자기가 지내는 환경이 세상의 표준이라는 착각에 빠질 수 있다.

'남들과 다르면 미움받을 것 같아.'
'매일 같은 옷을 입으면 뒤에서 수군대지 않을까?'

소규모 집단뿐 아니라 '20대 여성이라면 이렇게'라거나 '어른이라면 이런 것 하나쯤은 가져야 한다'는 식으로 사회에서 강요하는 가치관과 방식이 존재한다. 학창 시절이나 막 사회인이 됐을 시점에는 자기만의 가치관이 존재하지만, 사회에서 다양한 가치관의 파도에 휩쓸리다 보면 분명 나의 기준으로 돈을 쓰는 것보다 타인과 환경에 맞춘 지출이 많아진다.

그때의 나를 스마트폰에 비유하자면 본체는 64GB인데, 나와 맞지 않는 환경의 규칙, 즉 '이 동네 상식 앱'이 30GB 이상의 메모리를 차지하고 있는 느낌이었다. 데이터 용량이 꽉 차면 동작이 느려지고, 가끔은 멈추기도 하며, 당연히 배터리 수명도 짧아진다.

쓸데없이 무거운 '이 동네 상식 앱'을 설치했더니 온갖 불편이 생긴 셈이다. 매일 캐시를 삭제해야 하고, 경우에 따라서는 보관하고 싶은 데이터도 울며 겨자 먹기로 삭제해야 한다.

이럴 땐 클라우드를 결제해서 데이터 보관 장소를 확보하고, 보조 배터리를 구매해 항상 휴대하는 식으로 돈과 수고를 들여 간단히 해결할 수 있다. 하지만 용량에 신경 쓰며 계속 유지하기보다는 스마트폰 자체를 교체하거나 메모리를 차지하는 앱을 삭제하는 편이 근본적인 해결책일 것이다.

당시의 나는 앱을 삭제하고 '이곳을 떠난다'는 발상 자체를 못 했고, 나와 맞지 않는 집단에 속하려고 발버둥 쳤다. 그리고 점점 본래의 내 생활에서 멀어져 갔다.

나와 안 맞는 장소에 있으면 맞지 않는 부분을 보완하기 위해 돈을 들이게 된다. 저소비 생활은 맞지 않는 환경에 맞추지 않는 기술이기도 하다. 다른 사람이나 주변 환경을 기준으로 한 소비를 중단하기만 해도 많은 사람이 저비용으로 살 수 있다.

　미나토구가 세계의 표준이 아닌 것처럼 또 다른 세계도 있는 법이다. 아니, 다른 세계가 훨씬 더 넓다.

　이 넓은 세상에서 안 맞는 환경에 일부러 적응하기보다는 무리하지 않고 지낼 수 있는 장소를 찾는 편이 더 나은 생활을 할 수 있다.

## 나는 강인하지도 멋지지도 않다

　현재의 내 모습이 적당히 마음에 들면 쓸데없는 돈을 들이지 않아도 된다. 배가 불러서 만족하면 더는 아무것도 먹고 싶지 않은 것과 비슷하다. 자기 자신이 영 마음에 들지 않으면 '뭔가를 더 해야 해', '더 노력해야 해'라는 기분이 들어서 지금 가진 것에 눈을 돌리지 못한다는 사실을 나는 과거에 질릴 정도로 경험했다.

어느 정도 갖추고 있다고 해도 스스로를 인정하지 못하기 때문에 필요 이상으로 자신에게 엄격해진다. 그리고 아무리 노력해도 '아직 멀었어!'라며 조급해한다. 그러면 직장의 인간관계로 고민할 일이 늘어나거나, 수입에 걸맞지 않은 일을 하게 되어 점점 본인을 괴로운 쪽으로 몰아넣고 만다. 휴일에 푹 쉬고 싶은데, 직장이나 다른 일로 머릿속이 꽉 차서 잘 쉬지 못했던 경험은 누구나 있을 것이다.

돈과 생활의 관계는 '수입 안정→생활 안정→내면 안정', 즉 안정된 수입이 안정된 생활을 만든다는 견해도 있다. 반대로 '내면 불안정→생활 불안정→수입 불안정', 즉 불안정한 내면이 불안정한 생활을 만든다는 시각도 개인적으로는 충분히 일리 있다고 본다.

마음속에서 자기 나름대로 잘하고 있다고 안정을 느낀다면 일상을 보내는 방식도 상당히 달라질 수 있다.

일과 주거에서 선택지가 다양해진 요즘은 두 지역 살이, 조기 은퇴, 차박 생활, 미니멀리즘 등 다양한 생활 모습을 엿볼 수 있다. 어떻게 살든 정해진 답이 없는 시대다. 그렇다 보니 생활만이 아니라 삶의 방식에 대해 여러모로 고민하는 사람도 많을 것이다.

나도 아직 수행 중이지만, 항상 유념하는 바가 있다. 뭐든지 내가 지금 '갖고 있다'는 전제를 두는 것이다. 생활을 개선하자고 마음먹었을 때 나에게 부족한 부분을 보완하고자 당장 뛰어들 기세가 되지만, 그전에 이미 갖고 있는 것을 인식하거나 지금의 자신이 좋다고 받아들이는 것이 가장 중요하다.

존재하지 않는 이상을 무작정 좇기보다 우선은 지금의 나 자신을 받아들인다. 이 마음은 남들이 좋다는 것만 받아들이다 무거워져 버린 나를 떠오르게 해줄 구명튜브가 되어준다.

나는 마음의 소리를 듣지 못하고 사회가 추구하는 가치만 좇으며 온갖 실패를 거듭한 실패 전문가라고 자부하고 있으므로 조금 힘주어 말하고 싶다.

예전의 나는 스스로를 좋아하기 위해 부족한 점을 집요하게 찾아내서 고치려고 안간힘을 썼다. 하지만 지금은 나 자신을 그리 엄청나게 좋아하지 않아도 상관없다고 생각한다. 그보다 '나는 그럭저럭 잘하고 있고, 적당히 노력하고 있어'라며 편안한 마음으로 나를 파악하기 시작했다. 그러자 집착과 강박, 그리고 쓸데없는 소비가 사라져 전반적인 낭비가 줄었다. 그리고 과로로 몸과 마음이 지치는 일 없이 모든 면에서 무리하지 않는 삶을 살게 되었다.

그렇게 내가 무리하지 않고 할 수 있는 일, 나에게 맞는 일을 파악할 수 있었고, 내가 보내고 싶은 생활의 윤곽을 그릴 수 있었다.

'~을 하면 ~처럼 될 것이다'는 환상은 빨리 내려놓고, '이런 나라도 좋아'라는 여유로운 마음을 찾자. 강인하지도 멋지지도 않은 나의 일부 모습을 사랑해야 모든 일이 순조로워진다.

만약 소중한 친구가 "나는 쓸모없어"라고 우울해한다면 어떤 말을 해주고 싶을까? 지금 떠오르는 대답을 그대로 자기 자신에게 들려주길 바란다.

나는 이상적인 나의 모습을 간절하게 추구하기보다 '지금 이대로도 꽤 잘하고 있어'라고 생각을 고쳤을 때 다시 일어설 수 있었다. 빨래가 햇볕을 받아 서서히 마르듯이 우유부단한 생각이 많아져 젖은 부분도 시간이 지나면서 증발할 것이다. "지금 이대로도 꽤 잘하고 있어"라는 말은 약해진 마음에 햇살이 될 수도 있다.

이 책에서는 서서히 나 자신을 좋아하는 상태에 다가가는 방법을 전하고자 한다. '서서히'가 중요하다.

다음 장부터는 내가 지금까지 시행착오를 겪어온 과정을 구체적으로 소개한다. 저소비로 살아가는 방법이기도 하고, 있는 그대로의 내 모습으로 돌아가기 위한 작업이기도 하다.

꼭 따라 하겠다고 어깨에 힘주지 말고, '지금 이대로도 충분하지만, 더 나은 생활을 위한 힌트가 될 수도 있어'

라는 생각으로 읽어보자.

  일상과 나 자신을 되돌아보는 일은 살짝 바깥바람을 쐬러 나가는 마음으로 시작해야 한다. 나도 항상 그렇게 생각하며 지내고 있다.

**덧붙이는 이야기**

## 해를 보며
## 살아가는 생활

저소비로 지내려면 절약하겠다는 의지보다 하루를 어떻게 보내느냐가 더 중요하다. 전기 요금을 아끼려고 노력하기보다 일찍 자고 일찍 일어나면 자연스레 절약된다. 그뿐 아니라 저소비 이상으로 좋은 점이 있다.

나의 하루는 이렇게 흘러간다.

5:30 ◆ 기상
6:00 ◇ 세수, 근력 운동
7:00 ◇ 독서
8:30 ◇ 청소, 빨래, 식사 준비
9:00 ◇ 식사
10:00 ◇ 녹음 및 작업
12:00 ◇ 식사, 휴식, 낮잠

```
13:00  ◇  독서, 사색
       │
15:00  ◇  산책, 쇼핑 등
       │
17:00  ◇  식사 준비
       │
18:00  ◇  식사
       │
19:00  ◇  독서, 사색
       │
21:00  ◆  취침
```

참고로 위는 봄과 가을 사이, 해가 긴 시기의 버전이다. 해가 짧은 겨울 버전은 좀 더 단순해진다.

```
 7:00  ◆  기상
       │
 7:30  ◇  세수, 근력 운동
       │
 8:00  ◇  식사
       │
 8:30  ◇  독서, 사색
       │
 9:00  ◇  청소
       │
10:00  ◇  녹음 및 작업
       │
12:00  ◇  식사
       │
13:00  ◇  독서, 햇볕 쬐기
```

| 16:00 | ◇ | 산책, 쇼핑 등 |
| 17:00 | ◇ | 가벼운 식사 |
| 17:30 | ◇ | 독서, 사색 |
| 18:00 | ◇ | 내일 식사 준비 |
| 19:00 | ◆ | 취침 |

 겨울철에 이렇게 바뀌는 까닭은 춥고 어두운 시간이 길기 때문이다. 나는 태양의 움직임에 맞춰 생활한다. 해가 떠서 밝고 따뜻해지면 눈을 뜨고, 낮 기온이 오르면 활동적으로 움직인다. 해가 지면 추워지기 때문에 일찍 잠자리에 들어 이불 속에서 몸을 녹이고 있는 사이에 잠이 드는 흐름이다.

 겨울이 지나 봄이 가까워지면 기상 시간이 빨라지고, 취침 시간은 늦어진다. 가을에서 겨울로 가면 연말쯤 겨울 버전으로 전환된다. 신체 리듬은 신기하게도 무의식적으로 잠에서 깨어나거나, 잠이 들거나, 활동적으로 변한다. 계절, 기온, 날씨와 함께 이동하는 듯하다.

 여름철이 가장 활기차서 활동 시간이 길고, 겨울철에

는 잠을 많이 자거나 햇볕이 드는 곳에서 졸기도 한다. 내 컨디션은 햇살에 따라 달라지는 셈이다. 이런 곤충이나 동물 같은 인간이 한 명쯤 있어도 괜찮지 않을까 싶다.

   자연을 거스르고 살기 위해서는 돈이 들어간다. 그저 자연을 따라 여름이면 여름을 나고, 겨울이면 겨울을 나기만 해도 내면의 감정 변화와 신체 리듬이 정리되어, 스트레스 없이 내 몸과 자연을 조화롭게 받아들일 수 있다.

   굳이 저항할 필요가 없는 부분은 자연에 맡겨도 된다. 그렇게 나는 오늘 하루를 보낸다.

# 제1장

## 돈을 정리한다

## 몰라서 불안해진다

안락하다고 느껴지는 생활을 실현하려면 도대체 얼마가 필요할까? 필요한 만큼 저금하려면 일을 얼마나 해야 할까? 구체적으로 금액을 파악하고 있지 않으면 생활 및 돈과 관련된 불안이 심해질 뿐이다. 파악하지 못한 가계 상태를 간단한 식으로 나타내 보았다.

월 생활비 ? 만 원 × 12개월

= 1년 동안 필요한 돈 ? 만 원

돈이나 생활에서 파악하지 못한 부분을 물음표로 두면 놀랄 정도로 불안이 커진다. 누구나 모르면 무섭고 불안해지는 법이다.

    그렇지만 실제 생활비와 이상적인 생활비를 명확하게 두면 불안은 줄어들고, 집중해야 할 일이 보인다. 다만 급하게 이상적인 삶에 초점을 맞추기보다는 우선 사실적으로 있는 그대로의 지출을 파악해 두는 것이 중요하다.

- **실제 생활비의 예시**
  월 120만 원 × 12개월
  = 1년 동안 필요한 돈 1,440만 원
- **이상적인 생활비의 예시**
  월 100만 원 × 12개월
  = 1년 동안 필요한 돈 1,200만 원

    실제 생활비와 이상적인 생활비의 차이를 대략적이라도 파악해 두면 절약할 금액이 월 20만 원, 연간 240만 원이라고 바로 알 수 있어, 이상과 현실의 차이가 명확해진다.

그 뒤로는 수입과 지출의 현황을 이 금액에 맞춰가기만 하면 된다. 나는 지금도 이런 수식을 생각하면서 살아가고 있다. 일도 생활도 전체적으로 볼 때 가장 맞추기 쉬운 프레임을 찾는다.

지금까지 흘러가는 대로 살면서 도쿄 23구부터 산으로 둘러싸인 지방까지 다양한 지역을 거쳤다. 월세의 차이는 있지만, 총생활비는 (1인 가구인 나의 경우) 별로 변하지 않았다. 예를 들어 지방은 월세가 저렴하지만, 차량 유지비(주차비, 차량 검사비, 주유비 등)가 들어간다. 식비나 생필품비는 별로 들지 않지만, 지역 교류에 참가하기 위한 교제비가 필요할 수도 있다.

생활비, 즉 어디에 살고 있어도 들어가는 최소한의 생활비를 파악하고 있으면 이직하거나 이사를 하는 데 어려움이 줄고 발걸음이 한결 가벼워진다. 반대로 지금 자신의 생활 방식과 주거 환경이 맞지 않는데, 억지로 현 상황을 유지하려고 하면 필요 이상으로 돈과 물건이 필요해진다. 같은 환경에서 만족할 수 있다면 좋겠지만,

시간이 지남에 따라 편안함을 주는 요소나 좋아하는 일은 물론, 일하는 방식, 취미, 그리고 그에 맞는 물건과 주거 환경이 서서히 변하기 마련이다.

  내 생활비와 소지품이 많지 않은 것도 스스로 변화에 맞춰 물건을 정리하고, 주거 환경을 바꿔온 경험에서 비롯되었다. 그때그때 자신에게 맞는 환경이나 주거지에 있으면 마음이 가볍고, 경제적으로도 저소비 생활을 할 수 있다.

## 저소비 생활의 실제 생활비

다음은 최근 나의 월 생활비다(100원 단위 반올림).

- **고정비**
  월세 50만 원
  수도 1만 5,000원
  전기·가스 1만 7,000원

통신비 5만 4,000원

- **변동비**

    식비 3만 9,000원

    교제·오락비 2만 8,000원

    옷·생필품비 0원

    → **합계 65만 3,000원**

  각 항목을 잠시 살펴보자. 우선 가장 돈이 많이 드는 항목은 월세다. 쾌적한 주거 환경은 상당히 중요한 요소이기 때문에 월세를 무리해서 줄이려고 하지 않는다.

  수도·전기·가스 요금을 보자면, 일반 가정에 있는 냉장고, 에어컨, 전자레인지 등의 가전이 우리 집에는 거의 없기 때문에 전기 요금이 많이 들지 않는다. 또한 일본의 전기·가스는 민영이므로 계약 회사와 요금제를 자주 점검해서 각 회사의 전환 행사를 활용하려고 하는 편이다.

통신비는 거의 와이파이 이용료다. 좀 비싼 감이 있지만, 사정상 어쩔 수 없이 'O년 묶음'으로 계약했기 때문에 변경할 수 없어 아쉽다.

식비는 일반적으로 슈퍼에서 사는 채소, 달걀, 과일값이다. 쌀, 된장과 멸치 등의 건어물처럼 기본적인 식재료는 고향에 세금을 납부하고 받은 답례품이므로 여기에는 포함하지 않았다.

교제·오락비는 거의 카페에서 쓰는 비용이다. 일과 휴식을 위해, 그리고 집에서 나와 세상의 분위기를 피부로 느끼기 위해 필요한 비용이다. 가끔이지만, 지인과 점심 식사 등의 지출이 발생하면 여기에 넣는다.

이번 달에 옷값은 들지 않았다. 낡은 옷을 버리고 새로 사는 경우도 있지만, 옷 고르기를 귀찮아하기 때문에 거의 사지 않는다. 주로 속옷이나 양말을 새로 살 때 옷값이 발생하는 편이다. 실제로 어떤 옷을 가지고 있는지, 옷을 어떻게 고르는지 등의 자세한 내용은 2장에서 이야기하겠다.

생필품비도 이달에는 발생하지 않았다. 매일 사용하

는 소모품(화장지, 비누, 쓰레기봉투, 필기구 등)은 반 년분 정도를 한꺼번에 구입하며, 항상 2만 6,000원 정도가 든다. 한 달로 환산하면 평균 4,000원 정도다. 계절에 따라서는 여기에 채소 모종값이나 한여름에 부엌에 나오는 벌레 퇴치 비용 등 자질구레한 금액을 넣기도 한다.

## 저축이 먼저가 아니라 생활비가 먼저다

절약이나 저축 이야기를 할 때 많이 추천하는 방식이 수입에서 먼저 저축분을 빼두는 '선저축'인데, 내 생활에는 맞지 않았다. 매월 일정 금액을 저축할 여력이 있다면 선저축 방식이 오히려 답답하게 느껴졌다. 내가 여러 가지 저축 방법을 시도하면서 선저축 방식에 들었던 의문을 꼽아보겠다.

첫 번째는 수입에 따라 생활 수준이 오르락내리락한다는 점이다. 앞서 언급한 유랑민 시대에는 이직 등으로 수입이 오르면 생활 수준도 함께 변했다. 저축액을 고정 (선저축)해 놓으면 수입의 변동에 따라 생활비로 돌릴 수 있는 금액이 바뀐다.

그럴 경우 할 수 있는 일이 늘어나고, 살 수 있는 물건이 늘어난다는 긍정적인 면이 있지만, 어떤 사정이 생겨 수입이 줄어들면 할 수 있는 일이 줄어든다. 수입이 계속 상승 곡선을 그리면 좋겠지만, 사실 쉽지 않은 이야기다. 수입의 증감에 일희일비해서는 안 되는데, 나는 그것이 어려웠다.

두 번째는 여유가 생겨도 그만큼 써버리기 쉽다는 점이다. 야근수당으로 평소보다 수입이 늘어나면 임시로 갑자기 발생한 금액을 어떻게 할지 매번 생각해야 했다. "수입의 20퍼센트를 저축한다"라고 정하고 선저축을 하려 해도 매번 이번 달 수입의 20퍼센트를 계산해서 선저축하는 것은 꽤나 수고스러운 일이다. 평소 받는 급여를 초과한 금액은 고스란히 저축한다는 규칙을 정해두면 좋겠지만, 사람 마음이 어디 그리 쉽던가?

회사에 다닐 때 나는 매월 남는 돈을 내 노력에 따른 보상이라며 자연스럽게 소비했다. 야근수당이 많으면 그만큼 출근 전에 기운을 내기 위한 모닝커피 비용, 휴식을 위한 과자나 술값, 연이은 야근에 지쳤을 때의 외식비로 썼다. 이런 식으로 돈이 사라지게 되자 '생활하는 데 필요한 본래의 생활비'를 재점검하고 싶어도 매번 스트레스에 대처하기 급급해 지출을 제대로 살펴보지 못했다.

따라서 매달 일정 금액을 저축할 수 있는 사람은 생활비를 고정해야 저축 속도가 빨라진다는 것이 내가 내린 결론이다.

내가 최종적으로 도달한 방법은 생활비를 먼저 정하고, 그 이외의 금액은 모두 저축하는 것이다. 이런 '생활비 선점 방식'으로 전환하니 저축 속도는 빨라졌고, 생활비 낭비도 상당히 줄어들었다. 생활비 선점 방식을 채택하자 '더 나은 생활을 위해서 (무한히) 계속 벌어야 해!'라는 생각에서 해방되었다.

자신의 생활비 기준을 스스로 정해서 생활하게 되면 기분 좋게 하루를 보내기 위해 생활비가 얼마나 필요한지 명확하게 파악할 수 있다. 생활비가 변동되는 일이 별로 없다면 어느 정도 수입을 확보해야 할지 확실한 판단이 가능하다는 점도 좋다.

 스스로 생활비를 정하고, 지출을 관리하며, 그 범위 내에서 살아간다. 내 생활의 프레임을 먼저 정하고 살아가는 편이 저축액을 계속 신경 쓰는 생활보다 몸도 마음도 편하다.

 그리고 스스로 생활비를 정하다 보면 신기하게도 더 줄일 수는 없는지 생각하게 된다. 나는 생활비를 선점하는 패턴에 익숙해졌기 때문에 나만의 저소비 생활을 더욱 깊이 탐구할 수 있었다.

 그렇다면 실제로 내가 생활비를 어떤 흐름으로 관리하고 있는지 소개하겠다.

## 나의 고정비와 변동비

나는 고정비와 변동비를 각각 파악하고, 지출하기 쉽게 대략 다음과 같은 지출 방식으로 분배하고 있다. 나에게 지출 관리는 일상생활에서 소비 빈도가 높은 항목을 절제하고 내 최저한의 생활비를 파악하기 위한 목적에 있다.

- 집세 등 생활의 필수적인 고정비는 내가 노력해도 금액을 바꾸기 어려운 부분
  → **계좌이체**
- 식비 등 생활의 유동적인 변동비는 내가 노력해서 금액을 바꾸기 쉬운 부분
  → **현금으로 지출**

내가 노력해서 금액을 바꾸기 쉬운 지출 중에서 가장 재점검의 효과가 있는 것이 교제비다. 많은 사람이 건드릴 수 없는 성역으로 여기는 경향이 있지만, 교제비를

줄일 수 없다고 방치하지 말자. 만약 회사 사람들과 가끔 있는 술자리 비용이라면 '내 노력으로 바꾸기 어렵다'에 들어가겠지만, 친구와 차를 마시는 비용이라면 '내 노력으로 바꾸기 쉽다'에 들어간다.

판별하는 요령은 상대나 상황에 따라서 '스스로 지출하고 싶은 교제비'인지 '별로 지출하고 싶지 않은 교제비'인지를 생각해 보는 것이다. 즉 교제비의 재점검에서 인간관계의 재점검으로 변화시킨다.

무미건조하게 보일 수도 있지만, 아무리 교제가 중요하다고 해도 나라는 존재는 한 사람밖에 없고, 시간은 한정되어 있으므로 모든 것에 대응할 수 없다. 그렇다면 처음부터 내가 무리하지 않고 대응할 수 있는 넓이와 깊이로 인간관계를 구축해야 소중한 사람과의 시간을 의미 있게 보낼 수 있다.

필요한 비용과 생활비를 인간관계 때문에 줄이다가, 줄인 만큼 보상 심리로 다른 오락비를 쓴다면 우선순위가 뒤바뀌는 셈이다. 돈과 소유물의 관리처럼 인간관계도 자신이 제대로 관리할 수 있는 범위에 둘 필요가 있다는 것을 나는 생활비를 재점검하면서 깨달았다.

과연 '지금 생활에 들어가는 돈=정말로 생활에 필요한 금액'일까? 이를 확인하려면 자기 주변을 정리 정돈하는 일도 중요하지만, 우선은 지출을 살펴봐야 한다. 생활비를 낮게 유지하면 환경이나 수입이 바뀌어도 생활에 흔들림이 없다는 사실을 나는 체감하고 있다.

수입과의 균형 때문에 어쩔 수 없이 지출을 줄이는 것이 아니라 스스로 원해서 행하기 때문에 장점을 극대화할 수 있다.

## 나의 지출 관리 루틴

내가 '정산 작업'이라고 부르는 매달 지출 관리 루틴을 소개하겠다. 대략 이런 흐름이다.

- STEP 0. 지출 기록 수집
  돈을 쓰면 반드시 영수증을 받아둔다.

- STEP 1. 정산 작업

  영수증으로 당월 지출을 살펴보고 다음 달 예산을 정한다.

  부가 작업 ① 구독 내역 재검토

  부가 작업 ② 저축 금액 기록

- STEP 2. 돈의 분배

  STEP 1에서 정한 예산을 각 계좌에 분배한다.

## STEP 1. 정산 작업

① STEP 0에서 모은 한 달분의 영수증을 지출 항목별(식비, 카페 비용 등)로 구분해 각각 합계 금액을 내고 엑셀 시트에 입력한다.

② 영수증 내용을 보고 과소비가 없는지 확인한다.

③ 영수증으로 파악한 금액을 바탕으로 다음 달 목표와 예산을 수립한다(예: 다음 달 카페 비용은 얼마 미만으로 하기 등).

②가 꽤 중요한데, 여기에서 과소비가 있으면 "앞으로

소비를 자제할 수 없을까?", "묶음으로 구매한 다음 조금씩 사용하는 편이 나은가?", "대체품은 없을까?"와 같이 앞으로의 쇼핑 계획도 함께 세운다.

③에서는 영수증을 보면서 다음 달 예산을 구체적으로 정하는 것이 중요하다. 현재 지출액에 기준을 맞추지 않고, 목표액을 세워두는 편이 바람직하다.

③에서 세운 목표는 날마다 의식할 수 있게 해둘 필요가 있다. 나는 목표를 메모에 써서 눈에 띄는 곳에 붙인다. 메모에는 목표뿐 아니라 "이번 달에는 주주 혜택이 두 건 온다"처럼 기분 좋은 소식도 적어놓으면 인내한다는 감각이 완화된다.

지출을 줄이고 싶을 때는 물론이고, 다음 달에 돈이 많이 들어갈 일이 있을 때도 이 정산 작업에서 예산을 정해두면 매달 무계획적인 지출이 줄어들어 조절하기 쉽다.

### STEP 1 - 부가 작업 ① 구독 내역 재검토
스마트폰 등의 계약 회사나 요금제를 재점검하는 번

거로운 일도 정산 작업 때 실시하는 경우가 많다. 1개월 분의 요금을 되짚어 보기 좋은 월말에 각 계약사의 정보를 체크해 두고, 필요 시 전환을 고려해 두면 절차가 지연되지 않는다.

**STEP 1 - 부가 작업 ② 저축 금액 기록**

가계부에 매월 저축액이나 투자액의 변화를 기록하는 것도 지출을 줄이는 데 효과적이다. 낭비를 없애고 그저 참아야만 한다면 힘들지만, 저축이나 투자한 금액이 쌓이는 모습을 실감할 수 있는 저축 기록이 있으면 좀 더 적극적인 자세가 될 수 있다.

나는 가계부 앱을 몇 종류 써보기도 했는데, 손에 익지 않아서 결국 관두었다. 내가 기술 면에서 뒤떨어지는 사람이라 그럴 테지만, 가계부 앱은 자동으로 해주는 기능이 많고, 당연하지만 조작이 간소화되어 있어서 프로세스를 즐기는 재미가 없었기 때문이다. 지금은 굳이 엑셀 시트로 기록하고 있다.

여기까지가 내가 매월 말에 하는 정산 작업이다. 영수증을 살펴보거나 다음 달 예산을 정하거나 할 일과 그만둘 일을 결정하는 등 하는 일이 매우 많다. 집중력이 필요하기 때문에 머리가 맑아지는 월말 아침에 하기로 정해놓고, 월례 행사 같은 느낌으로 실행 중이다.

**STEP 2. 돈의 분배**

이제 드디어 매일 사용하는 생활비와 저축을 나누는 공정에 들어가겠다. 여기에서 등장하는 것이 '생활비 선점 방식'이다.

① 수중에 둘 생활비의 액수를 정해 계좌에 남긴다.
② 남은 수입을 계좌 1과 계좌 2로 나눈다.

①에서 수중에 두는 돈은 기본적으로 ATM에서 현금으로 인출해 놓는다. 이때 중요한 점은 돈 찾는 일을 한 달에 한 번으로 정해놓고, 여분의 돈을 찾지 않는 것이다. 전에는 만약의 경우를 생각해서 필요한 돈보다 조금

넉넉하게 찾아놨지만, 보란 듯이 돈을 다 쓰고 말았다.

내 경험상 만일의 경우가 생길 확률은 10퍼센트 이하이고, 평소처럼 사용할 확률은 90퍼센트 이상이다. 무엇보다 만일의 경우가 일어나지 않도록 평소 여러모로 계획하며 지내는 것이 중요하다. 돈을 많이 인출하지 않기 위해 이런 점도 배웠다.

출금한 돈을 사용할 때는 일부러 IC 카드(일본에서 사용하는 선불 충전식 카드, 교통수단이나 상점 등에서 사용 가능하다-옮긴이)에 충전해 사용한다. 개인적으로 현금을 카드에 넣어놓는 방식이 가장 절약 효과가 높았기 때문이다. 카드는 용도별로 교통카드(주로 교통비 지불), 생필품 카드(주로 식료품이나 생필품 지불) 두 개로 나누고 있다.º

②에서 남은 수입에서 집세, 전기, 가스 등의 고정비를 계좌 1에 넣고, 나머지는 모두 저축과 투자로 돌려 계

---

º 한국의 체크카드는 카드에 연결된 계좌에서, 본문의 IC 카드는 카드 충전금에서 금액이 결제된다는 차이가 있다.

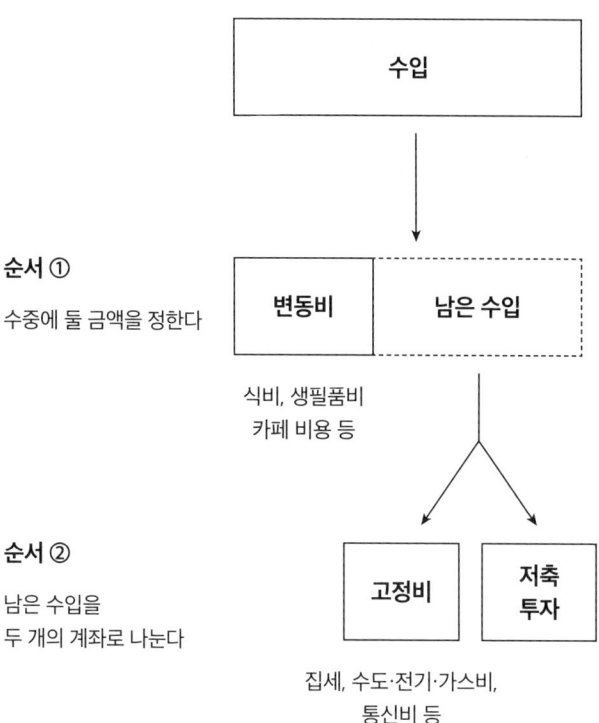

좌 2로 구분한다. 이때 수수료를 없애고 절차의 번거로움을 줄이기 위해 은행과 입금 방식도 시행착오를 거치며 찾았다.

여기까지가 내가 생활비를 관리하는 루틴이다.

2~3년 동안 이 흐름으로 지내면서 그럭저럭 최적화할 수 있었다. 갑자기 '내 최소한의 생활비가 어느 정도지?'라고 막연히 상상하기보다는 우선 현재의 생활비를 기준으로 진지하게 고민해 보면 일하는 방식, 저축, 투자 방법까지 한데 묶어 최적화할 수 있을 것이다.

이리저리 휩쓸려 돈을 쓰다 보면 아무리 돈이 많아도 부족할 수밖에 없다. 그렇다고 해도 처음부터 소비를 하나하나 엄격하게 관리하는 것은 힘들기 때문에 '내 생활비는 100만 원'처럼 미리 정해놓으면 생활비가 자연스레 안정을 찾는다.

지나친 이상을 추구하지 않고, 벌어들이는 돈으로 나의 가치를 결정하지 않으며, 사치스러운 삶을 살겠다는 마음을 내려놓으면 생활에 전반적으로 여유가 생긴다. '매월 ○원 모으기'가 아니라 '매월 ○원으로 살기'라고 정한다. 그 정도의 마음가짐만 있어도 편하게 돈을 모을 수 있다.

생활비 선점 방식으로 지내는 사이에 스마트폰이나 인터넷 창을 들여다보며 장바구니를 채우는 일도 줄어들었고, 세상에 넘쳐흐르는 물건도 서비스도 나와 상관없다고 선을 긋게 되었다. 나에게 필요한 것이 정해져 있으면 그 이외의 것에 향하는 관심이 줄어드는 듯하다.

내가 원하는 생활은 돈이 많이 모이는 생활이 아니라 안심하고 기분 좋게 보낼 수 있는 생활이다. 수입에 따라 생활비가 변동되지 않는 생활비 선점 방식을 통해 마음이 편안해지고, 경제적으로도 안정을 찾았다.

예전에는 여기저기에 돈을 쓰는 것이 자유라고 생각했지만, 실은 필요한 것에 필요한 만큼 돈을 쓰는 것이 자유임을 깨달았다. 나에게 맞지 않는 방법은 빠르게 중단하고, 나에게 맞는 방법을 찾아내는 것이 관리하기에도 편하다. 그 사실을 깨달을 수 있었던 건 선저축의 불편함을 내 방식대로 개선해 나간 덕분이다.

필요는 발명의 어머니라고 하듯이 일반적인 방법에 억지로 맞추지 말고, 자기만의 저축법을 만들 수 있다면 그것이 가장 손쉽게 돈을 모으는 구조가 될 것이다.

## 월초에는 빈약하게, 월말에는 사치스럽게

　불필요한 일을 줄이기만 해도 쉽게 돈이 모인다고 크게 느낀 것은 돈 쓰는 타이밍에 관한 구조를 만든 뒤였다. 나는 그것을 '월초에는 빈약하게, 월말에는 사치스럽게'라고 부른다. 돈 쓰는 타이밍을 대강 정해놓으면 낭비가 상당히 줄어들고 즐거움은 배가 된다. 이 구조를 도입하기 시작했을 당시에 매우 놀랐다. 돈을 모을 때 필요한 것은 인내와 절제뿐이라고 생각했기 때문이다.

　'월초는 빈약하게, 월말에는 사치스럽게'는 월초의 지출은 필요한 식료품을 구매하는 최소한의 정도로 멈추고, 월말에는 예산을 사용하고 싶은 곳에 쓰는 규칙이다. 그 외에 어려운 규정은 아무것도 없다.
　이 방법은 내가 고안해 낸 것이 아니라 예전에 한 인터넷 기사에서 알게 되었다. 간단한 방법이라 부담 없이 시도할 수 있고, 막상 해보니 내 의지와 인내가 많이 들어가지 않아서 편안하게 지출 흐름을 정리할 수 있었다. 나의 매달 지출 흐름은 이런 식이다.

- **첫째 주**: 정리, 청소, 일에 집중한다. 기본적으로 집에 있는 것으로 생활한다.
- **둘째 주**: 집에 있는 것으로 생활하면서 월말의 즐거움을 계획하기 시작한다.
- **셋째 주**: 하고 싶은 일에 돈을 쓰기 시작한다.
- **넷째 주**: 마음껏 즐긴다!

**첫째 주**

첫째 주는 정리, 청소, 일에 집중하고, 구비해 둔 물품을 사용하면서 생활한다. 집도 깨끗해지고, 해야 할 일도 처리할 수 있어서 장점밖에 없다.

식비가 급감하고 수납공간도 깔끔해지기 때문에 습관이 자리 잡을수록 뿌듯함이 있다. 또한 자신이 얼마나 충동적 혹은 습관적으로 불필요한 쇼핑을 하려고 하는지 실감할 수 있는 기간이기도 하다. 저도 모르는 사이

차를 마시러 가거나 집에 먹을 음식이 있는데 장을 보러 가는 식이다.

그것을 자각하지 않고 날마다 돈을 쓰면 저축할 돈이 모이지 않는다. 첫째 주에 가능한 한 돈을 사용하지 않는다고 정해놓으면, 쓰고 싶어질 때 정신이 확 들기 때문에 가벼운 마음으로 해버리는 소비를 억제할 수 있다.

**둘째 주**

둘째 주는 착실히 즐거운 계획을 세우거나 사전 준비를 하는 주간이다. 이 기간을 두면 돈을 쓰는 데 신중해질 뿐 아니라 내가 정말 하고 싶은 일을 자세히 생각해 볼 수 있다는 장점이 있다.

금욕적으로 생활하는 것이 아니라 그 물건이 정말 필요한지, 갖고 싶은지 생각해 본다. 그러면 저렴하게 살 수 있는 타이밍은 없는지, 새 제품이 아니어도 괜찮은지, 집에 있는 물건으로 대신할 수는 없는지 저렴한 구매 방식이나 대용품 아이디어를 계속 떠올릴 수 있다.

예를 들어 새 옷이 갖고 싶다고 해보자. 이때는 구매

를 전제로 각 매장에서 아이템을 비교, 조사하는 행동은 가능한 한 삼간다. 새 옷을 사기 전에 원래 가지고 있는 옷을 활용할 수 있는지 일단 확인하는 것이다.

'여름 흰 셔츠 코디' 등으로 인터넷에 검색해서 가지고 있는 옷을 새롭게 코디할 예시를 찾아보면, 괜찮은 스타일링 방법을 발견하여 옷을 사고 싶다는 마음이 줄어들기도 한다.

### 셋째 주

셋째 주에는 둘째 주에서 자세히 조사했던 하고 싶은 일을 실행에 옮기는 단계다. 이때는 기다렸다는 듯이 돈을 펑펑 쓰는 것이 아니라 우선순위가 높은 데부터 돈을 쓴다.

우선순위가 높은 것은 지금 당장 사용하고 싶은 물건, 부족하면 생활이 불편해지는 물건 등이다. 우선순위가 낮은 것은 지금 당장은 필요 없는 물건, 이미 집에 있는 물건 등이다.

만약 우선순위는 낮지만 흥미를 끄는 대상이 새 옷이

라면 매장으로 입어보러 가거나 소재를 확인하는 식으로 일단 돈을 사용하지 않는 방법부터 해본다. 그러면 이런 경우가 종종 발생한다.

"입어보니 나랑 전혀 어울리지 않아."

"실제로 보니 상상했던 것과 다르네."

나는 기본적으로 의류, 신발, 손에 들고 사용하는 물건은 실제 매장에서 보거나 피팅해 본 뒤에 구매하려고 한다. 계획을 세우고 사러 갔는데, 아주 가끔 매진인 경우도 있다. 그럴 때는 인연이 아니라고 생각하기로 했다. 그러는 편이 몇 군데 가게를 돌며 구하러 다니는 것보다 후일에 더 좋을 때가 종종 있기 때문이다. 어느 때는 운 좋게 내 돈을 쓰지 않고도 다른 경로로 비슷한 물건을 얻기도 한다. 원하는 것이 없을 때는 깨끗이 포기하는 편이 낫다.

갖고 싶거나 필요하다고 생각해도 실제로 체험해 보거나 다시 생각해 보면 사지 않아도 되는 물건이 상당히 많다. 방금 소개한 방법을 몇 가지 시도하면 사고 싶은 욕구를 꽤 가라앉힐 수 있을 것이다.

**넷째 주**

넷째 주는 드디어 사치하는 기간이다. 사치라고 해도 잠시 숨을 고르고 자제하던 구매를 일시적으로 느슨하게 풀어주는 정도다. 평소 자제하던 좋아하는 일을 해보는 느낌이다. 당연히 "여기부터 여기까지 다 살게요"와 같이 싹쓸이 대량 구매를 하는 것은 아니다.

가령 써보고 싶었던 샴푸와 트리트먼트 샘플을 구매해 사용해 보기, 가보고 싶었던 카페에서 차 마시기, 스타벅스에서 취향대로 맘껏 제조한 음료를 주문하기 등이다.

참고로 나는 작은 사치를 즐기고 싶을 때 필요한 물품을 한꺼번에 구매하거나 미술 전시를 보러 간다. 늘상 하는 일이라면 대수롭지 않은 일이 될 수도 있으나 사치 기간에 하는 스페셜 이벤트로 승격시키면 훨씬 즐겁나는 사실을 깨달았다.

금액이 아니라 빈도와 타이밍을 바꾸기만 해도 만족도가 상당히 올라간다.

내가 일상적인 소비 수준으로 만족할 수 있는 것은 평소 몸의 영양과 마음의 영양을 나누어 생각하고 있기 때문이다. 예를 들어, 나는 지출을 관리할 때 식비와 카페 비용을 나눈다. 카페 비용을 식비에 포함했던 시기도 있었지만, 내 욕구대로 생활하면 외식의 고마움이 급감하거나 식사하는 일 자체가 귀찮아져서 거의 매끼 커피와 빵만으로 해결하기도 했다.

즐거운 외식을 평소 집밥과 분리해 기록하고 절제하니 절약 효과뿐 아니라 컨디션도 좋아지고, 마음도 훨씬 안정되었다. 보통 도시락이나 기호품 비용까지 통틀어 식비로 정리하는 경우가 많은데, 나의 카페 비용처럼 자주 돈을 쓰는 데가 있으면 별도의 지출 관리 항목으로 두고 관찰하기를 추천한다. 그 소비를 넷째 주의 사치 기간에 하는 정도가 의외로 딱 좋다는 사실을 발견할지도 모른다.

'월초는 빈약하게, 월말은 사치스럽게' 규칙에서 마음에 드는 포인트는 돈을 즐기면서 사용한다는 점이다. 돈을 다 쓰면 하고 싶은 일을 할 수 있다고 생각하는 사람이 많지만, 사실 돌이켜 보면 별로 소비하고 싶지 않은데도 돈을 썼던 일이 분명 많을 것이다.

이렇게 우선순위가 낮은 소비를 잘라내어 돈 쓰는 만족도를 올리는 것이 '월초는 빈약하게, 월말은 사치스럽게'의 핵심 포인트다.

또 하나 마음에 드는 포인트는 돈을 쓰지 않는 월초 기간에 해야 할 일에 집중할 수 있다는 점이다. 지금도 매일 실감하지만, 필요가 없는데도 무심코 돈을 쓸 때가 언제일까? 당장 해야 할 일에서 조금 벗어나 마음을 달래고 싶은 생각이 들 때다.

이것이 쌓이고 쌓이면 낭비가 늘거나 해야 할 일을 미루다가 나중에 더 큰 문제가 생길 수 있다. 월초에는 반드시 진행해야 하는 작업에 집중하고, 중순부터 조금씩 쇼핑을 하러 나가거나 차를 마시며 즐기는 시간을 보냈더니 한 달 동안 돈과 시간을 균형 있게 사용할 수 있었다. 월 예산을 절약하면서 즐거움도 마음껏 누릴 수 있는 괜찮은 방식이다.

절약, 절제, 저축에 붙는 말은 인내와 자제라고들 하지만, 실제로는 세일 때마다 불필요한 쇼핑을 하거나 점심값은 아껴놓고 편의점에 가서 무심코 디저트를 사는 등 쓸데없는 소비가 정말 많다.

평상시 나는 돈이 줄줄 새어 나갈 정도로 소비한다고 생각하지 않았는데, 월초에 돈을 쓰지 않겠다고 단호하게 규칙을 정해보니 저도 모르게 나가는 돈을 자각할 수 있었다. '열심히 번 돈이 이렇게 나도 모르는 사이에 안개처럼 사라지다니.' 이처럼 가벼운 충격을 받으면 충동구매를 개선하기 쉽다.

자신이 추구하는 소비 방식과 현실은 상당히 동떨어져 있기 마련이다. 가계부나 지출 메모로는 돈을 쓰는 페이스까지 관리하기 어려운데, 이 방식은 페이스 조절이 쉽고, 유지하기 쉽다는 장점이 있다.

저축을 먼저 할 땐 아무래도 평소의 생활 방식까지는 의식하기 어렵다는 지점이 있다. 그럴 때 '월초는 빈약하게, 월말은 사치스럽게'는 생활이 메인이고, 저축이 서브의 위치가 된다는 점에서 생활과 돈의 흐름이 원활해지는 비결이다.

저축에 매달려 계속 돈을 쫓기보다는 무의식적으로 해온 불필요한 지출을 줄이는 편이 생활의 만족도를 올리는 방법이다. 소비 욕구는 행동으로 굳이 옮기지 않아도 자연스레 머릿속에서 잊게 될 때가 압도적으로 많다. 그 사실을 깨달으면, '소비를 참아야 해'가 아니라 '또 불필요한 소비를 할 뻔했네'라고 생각하며 자신의 행동을 객관적으로 바라볼 수 있다.

월초에는 쓰지 않는다. 월말에는 사치를 부린다. 나는 이 방법으로 생활과 지출의 흐름을 크게 개선했다. 그래서 강력하게 추천한다. 해본디고 손해날 것노 아니니 시도할 가치는 충분하지 않을까?

## 소비를 줄이는 도구

**지출 메모**

- **방법**: 돈을 쓰면 그때마다 날짜, 구매한 물건, 금액을 메모한다.
- **예시**: '2월 13일, 빵, 1,500원.' 이렇게 오늘 무엇에 얼마를 썼는지 알면 된다.
- **요령**: 자신의 기억을 믿지 말 것.

쇼핑할 때마다 세세한 금액을 계속 신경 쓰기보다 단순하게 돈 쓰는 날을 줄이면 낭비도 줄어든다는 사실을 깨달았다. 즉 돈을 안 쓰는 날을 늘리면 된다. 그러기 위해서는 기록이 필수다.

사람의 기억이란 꽤 불확실해서 '오늘은 돈을 쓰지 않았어'라고 생각해도 지출해 놓고 까먹을 때가 간혹 있다. 쇼핑은 하지 않았지만, 잠깐 휴식 차 들른 카페가 기억에서 완전히 사라지는 식이다. 이렇게 시간이 지나면 돈을 쓴 기억이 머릿속에서 스르르 지워진다.

나는 실제 사실과 기억의 차이를 만들지 않기 위해 돈을 쓸 때마다 지출 메모에 기록해서 사용 금액을 알 수 있도록 하고, 돈을 쓰지 않은 날(메모에서 지출 0원이었던 날)이 한눈에 보이도록 한다.

**쇼핑 메모**
- **방법**: 원하는 물건이 생기면 예상 구매 장소와 구매하고 싶은 물품을 메모해 둔다.
- **예시**: '유니클로 양말.' 이 정도만 쓰면 된다. 구매 장소를 찾고 있다면 구매하고 싶은 물품만 적는다.
- **요령**: 시간을 두고 반드시 재검토할 것.

쇼핑 메모는 쇼핑하러 가는 횟수를 줄이기 위한 기록이다. 지출 메모와 다른 점은 기록한 후에 계속 재검토한다는 점이다.

일반적으로 구매 목록을 잊지 않기 위해 하는 메모와 비슷하지만, 일단 써놓은 뒤에 시간을 두고 재검토하는 것이 요령이다. 그러면 왜 갖고 싶어졌는지 모르는 물품이 나오거나 대체할 수 있는 것이 발견되어 굳이 사지 않아도 되는 목록이 꽤 나온다.

살 필요가 없어진 물건을 메모에서 지워가면 시간을 두고 생각해도 필요하다는 확신이 드는 것들만 남는다.

지출 메모도 쇼핑 메모도 특별히 참신한 도구는 아니지만, 굉장히 효과적이다. 이것이 없다면 내 생활비는 지금과 상당히 차이가 날 것이다.

▼ 왼쪽부터 영수증 꽂이, 쇼핑 메모, 지출 메모. 영수증은 받아놨다가 월말의 정산 작업에 활용한다. A4 클리어 파일은 정리하고 싶은 지류의 사이즈에 맞춰 잘라 두면 사용하기 편리하다.

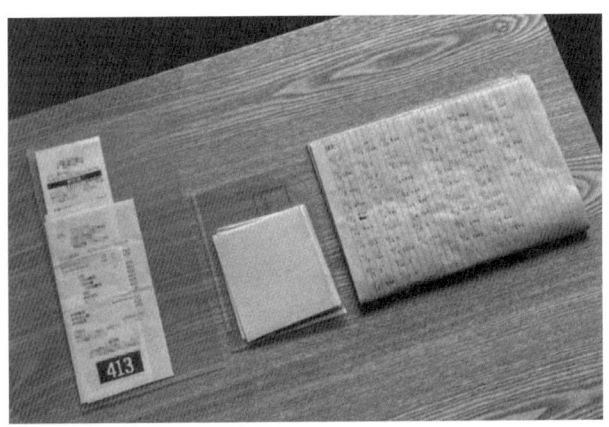

## 투자가 있어 다행이다

 최근 2~3년 사이에 투자가 있어서 즐거움이 늘었다고 느끼는 중이다. 몇 년 전만 해도 그저 보통예금에 막연히 돈을 '보관'할 뿐이었는데, 언젠가 쓸지도 모른다고 생각했던 계좌의 돈이 결국 미동조차 없다는 것이 신경 쓰여서 미뤄놨던 투자를 시작했다.

 내 생활을 유지하기 위해서라고는 하지만, 모아놓은 약간의 저축은 언젠가 쓸지도 모른다는 생각으로 마련한 예비 자금이었고, 그중 90퍼센트는 예상 사용처가 불분명했다. 소지품으로 말하자면 일단 사놓기만 하고 쓰지는 않은 물건이었다.

 지금 생각하면 굉장히 아깝다는 마음이 들지만, 어쩔 수 없다. 투자는 저축과 달리 스스로 결단하고 진행해야 하기 때문이다.

 처음에는 돈을 벌고 싶다거나 돈을 불려야겠다는 절실한 투자보다, 보통예금을 일본의 비과세 제도인 적립식 NISA 투자신탁으로 전환해 나만의 연금 만들기를 하는 식으로 세상의 흐름에 따라갔을 뿐이었다.

증권 계좌의 선택이나 개설은 블로그나 인터넷 기사에서 정보를 얻었고 수수료가 낮은 온라인 증권에 계좌를 개설하는 단계까지는 간단하게 진행되었다. 그러나 막상 투자하는 단계가 되니 곧바로 난항을 겪었다.

지금까지 해본 적 없는 일을 앞에 두고 어렵다는 의식이 너무 강했던 탓인지, 아니면 당시에는 지금만큼 정보가 없었던 탓인지 나 혼자서는 잘되지 않았다. 혼자 고민해도 뾰족한 수가 없어서 전문가에게 도움을 받기 위해 인터넷 검색을 통해 재무 설계사가 주최하는 무료 금융 세미나에 참가했다.

그곳에서 개별 상담을 하니 '가진 자금 중에서 어느 정도를 투자에 돌리면 좋을까?'와 같이 홀로 고민하던 문제가 순식간에 해결되었다.

그다음은 매월 꾸준히 투자신탁에 적립식으로 넣는 것이 견실한 방법이겠지만, 그땐 오래 즐길 수 있는 새로운 취미를 하나 늘리고 싶었고, 저축이나 노후 자금

이외에 더 좋은 투자처를 찾고 있기도 해서 투자신탁에 더해 전부터 흥미가 있던 주식을 매수하기로 했다.

주변에 주식 매매로 이익을 보는 사람들에게 이야기를 듣고 흥미는 있었지만, 왠지 나에게는 안 어울린다는 느낌이 들어 도전할 용기는 내지 못했다. 지금 생각해보면 '소액이라도 해볼걸' 하는 마음이 든다.

처음에 100만 원 이하의 주식을 두세 종목 매수하고 나서, 서서히 의식과 생활이 변해갔다.

"돈 이야기를 하는 것은 좀."
"주식은 별로."

세상에 이런 분위기는 분명히 존재하고, 투자나 주식의 즐거움은 자신과 상관없는 세상의 일이라고 생각하는 사람도 많을 것이다. 하지만 나에게는 절약과 비슷하게 생활을 구성하는 한 파트다.

돈이나 물건은 누군가에게 주면 그 사람의 것이 되지만, 정보는 여러 사람과 무한히 공유할 수 있다. 그래서 우리 모두의 살림이 나아진다면 혼자 벌거나 투자하기보다 훨씬 재미있을 거라고 상상하고 있다.

자신을 위한 소비로 끝내지 않고, 경제에 대해 여러모로 배우면서 소비 습관을 잡아주는 투자가 바람직하다. 투자도 절약도 흥미를 느끼면서 일단 해보면 상상을 훨씬 뛰어넘는 새로운 세계가 펼쳐질 것이다.

주식을 매수할 시드 머니를 모으고 주식 매수를 우선하는 생활을 보내면서, 돈을 모으는 방법도 중요하지만 돈의 사용법을 다시 살펴보는 것이 더 중요하다는 사실을 새삼 깨달았다. 만약 무작정 생활비를 줄이려는 마음뿐이었다면 분명 지출 관리를 철저히 하지 못했을 것이다. 그것을 뛰어넘어 실현하고 싶은 목표가 있다는 점이 중요했다.

예전의 나는 기분에 따라 '저축하지 말고 여행이나 가야겠다'라고 생각하면서 우선순위가 쉽게 뒤죽박죽되었다. 그러나 주식을 산다는 강력한 압박을 만든 덕분에 전에 없던 긴장감이 생겨 가벼운 마음으로 돈을 쓰지 않게 되었다.

"주식을 살 수 있어!"

"조금이지만 이익이 나고 있다!"

이런 성취감은 우리의 하루를 크게 바꾼다. 생활에 탄력이 생기는 것도 투자의 효과다.

지금은 세제 혜택을 주는 계좌를 통한 인덱스 투자로 리스크를 분산하고, 스트레스나 무리가 없는 범주 내에서 주로 일본의 우대주(일본에서 주주에게 배당금 외에 추가로 쿠폰이나 상품권 등의 혜택을 주는 주식-옮긴이)나 고배당주를 꾸준히 매수하고 있다. 우대 혜택 카탈로그를 받거나 배당금이 들어오는 일은 주식을 사지 않으면 생기지 않는다.

처음에는 수익 목표를 월 생활비로 잡고 총합 200만 원 정도로 시작했지만, 초기 목표를 달성한 지금은 카페 비용을 주주 우대 혜택으로 마련하거나 배당금을 받는 목표로 진화했다.

투자 종목은 받을 수 있는 우대 내용, 배당금 액수, 주가의 저평가 여부로 선택하고 있다. 중장기 보유가 목적이기 때문에 끈기 있게 계속 보유할 수 있는 종목을 매수하려고 신경 쓰고 있다. 큰 스트레스를 느끼지 않고 오래 보유할 수 있는지, 허용할 수 있는 범위 내의 리스크인지 파악하는 일도 상당히 중요하다.

우대나 배당금 등 알기 쉬운 이점 외에도 개인적으로 일상에서 유행한다고 느끼는 서비스나 현재 활용하는 사이트 등을 주식의 현황과 연결하는 것이 흥미롭기도 하다. 내 생활과 주가가 연동되어 있는 느낌이라고 해야 할까? 경제의 세계와 내 일상이 연결되어 함께 재미를 키워준다는 점이 만족스럽다.

보유하고 있는 주식의 변동으로 일희일비할 때도 있었지만, 지금은 식물의 성장을 보는 기분으로 가만히 지켜보는 여유도 생겼다. 다음에는 언제 무엇을 심을지, 어떤 씨앗이나 모종을 살지, 어떻게 키워야 할지 원예 코너에서 생각에 잠기듯 주식을 고르기 때문에, 베란다에 꾸며놓은 정원처럼 매일 주식이 즐거움을 준다.

기대했는데 싹이 트지 않거나 확 시들면 슬프기도 하

지만, 가끔 생각지도 못한 꽃을 피우고 열매를 맺는 것이 생활의 기쁨 중 하나가 되었다.

## 돈을 쓰기 전에 머리를 쓴다

 기분 전환이 필요할 때 어떤 일을 하는가? 인터넷 검색부터 하는 사람도 있고, 일단 집에서 나가는 사람도 있으며, 계획을 세우고 예산을 확보하는 사람도 있다. 이렇게 무엇이 필요하다고 생각한 다음 단계에 바로 돈을 써야 한다면 매월 살림을 꾸리기가 힘들어진다.

 예를 들어 필요하다고 생각했을 때 바로 사러 가는 사람과 가진 것으로 어떻게든 해결하는 사람은 저축하는 방법도 생활력도 모든 면에서 차이가 날 것이다.
 '조금 기분 전환이 필요해'라는 생각이 들 때 우선 수중에 있는 것으로 해결해 보는 습관을 들인다면 이미 저소비 생활의 출발점에 들어선 것이다. 돈이 없으면 뭐든

할 수 없다고 생각하는 사람은 돈을 쓰기 마련이고, 당장 할 수 있는 것부터 하겠다고 마음먹는 사람은 돈을 별로 쓰지 않아도 되기 때문이다.

낭비가 줄어들지 않을 때는 무언가를 갖고 싶다는 욕구가 강한 것이 아니라 오히려 가진 돈에 의지해서 생각을 게을리하고 있을 수도 있다. 돈은 편리한 도구인 반면, 스스로 생각하거나 연구해서 해결할 수 있는 일도 "돈이 해결해 주겠지"라며 게으름을 피우게 만드는 존재다.

갖고 싶어서 소비하거나 필요해서 돈을 쓴다고 생각한 것이 사실 본인이 게을러서였다거나 기분 전환을 위한 쇼핑인 경우가 많았다고 자각하면, 돈을 쓰지 않고 스스로의 힘으로 생활하는 습관이 생긴다. 그러면 저소비 생활을 보내기 위한 기초 체력이 길러진다.

돈을 쓰지 않고 지내는 것은 근력 운동과 같다. 가끔 생각났을 때만 하면 충분하지 않고, 매일 조금씩 꾸준히 해야 좋은 습관이 생긴다.

오지에 살지 않는 한, 요즘 시대를 사는 사람은 대부

분 돈을 조금 내면 즐거움을 얻을 수 있고 불편도 해소할 수 있다. 상당히 돈을 쓰기 쉬운 상황에 놓여 있는 셈이다.

어떻게 생각해도 바로 돈을 쓰는 편이 쉽다. 그렇다고 해서 일일이 절약을 의식하면서 사는 것은 힘들기 때문에 앞으로 소개하는 방식처럼 돈을 쓰지 않을 방법을 일상에 녹여두면 여유롭게 생활할 수 있다.

### 0원 데이

0원 데이란 말 그대로 돈을 쓰지 않고 하루를 보내는 것을 말한다. 평범한 하루를 지내다 보면 무의식적으로 돈을 여기저기 쓰게 된다는 것을 나는 0원 데이를 실행해 보고 나서 알았다. 평범한 생활에서는 소비가 당연한 일이지만, 이 '당연함'에 휘둘리면 지출이 증가해 가진 돈이 순식간에 줄어든다.

"오늘 하루 정도는 돈을 쓰지 말고 지내자"라고 0원 데이를 정하면 낭비가 줄거나 쓸데없는 행동을 하지 않아 하루가 충실해진다. 가제타미 라디오의 구독자에게도 "0원 데이에는 미뤄놨던 일을 더 잘 처리할 수 있었습니다", "0원으로도 하루를 충실하게 보냈어요"라는 이야기가 자주 들려온다. 나도 비슷하게 실감했기 때문에 돈을 쓰는 것이 오히려 뭔가를 잃게 하는 것이 아닐까 싶기도 하다.

0원 데이를 시도할 때는 앞서 언급한 지출 메모로 매일의 지출액을 가볍게 기록해 두는 것이 요령이다.

"이번 달은 세 번 정도 0원으로 보낸 것 같은데."

이런 식으로 하면 애매해지기 때문에 주의가 필요하다. 막상 실제 0원 데이는 하루밖에 없었는데도 착각할 수 있다.

지출 메모가 있으면 월말에 지출을 살펴볼 때도 "이번 달은 0원 데이가 많았는데, 여유롭게 지낼 수 있어서 다행이었어"와 같이 실제 현황을 파악하기 쉽고, 돈을 많이 쓰지 않아도 하루하루를 알차게 보낼 수 있다.

그리고 정말 돈을 쓰고 싶을 때, 써야 할 때를 더 확실히 알게 된다. 필요한 곳에 즐겁게 돈을 쓰면, 무조건 돈을 쓰면 안 되는 게 아니라 막연하게 쓰는 행동이 문제라는 배움도 얻는다.

### 0원 재료 모음집

오늘의 할 일을 생각할 때 0원으로 즐기는 방법을 모아놓은 '0원 재료 모음집'이 있으면 편리하다.

어린 시절에는 밖에서 뛰어놀기만 해도 좋았는데, 어른이 되면 일단 돈을 쓰려고 하기 때문에 미리 0원 재료 모음집을 머릿속에 넣어 두어 낭비를 줄일 수 있다. 돈을 쓰지 않으려고 주의를 기울인 뒤 나도 재료 항목이 꽤 늘었다. 내가 가지고 있는 재료 중에서도 특히 당장 해볼 만한 목록을 소개하겠다.

- 스마트폰 없이 산책하기
- 돈과 카드 없이 가게 돌아다니기
- 전단지나 종이봉투로 쓰레기 봉지 만들기
- 종이나 플라스틱 쓰레기로 수납 아이템 만들기
- 지도 앱으로 근방에서 가고 싶은 곳 찾기
- 옷이나 신발 관리하기

- 가지고 있는 옷으로 새로운 코디 조합하기
- 무료 디자인 제작 사이트에서 스마트폰이나 컴퓨터 바탕화면 만들기

글로 읽으면 사소한 일들처럼 보이지만, 막상 해보면 '그래, 이런 것이 필요했지'라는 느낌을 받기도 한다. 평소에는 지나치기 쉽지만, 사실 이렇게 눈에 띄지 않는 것이야말로 나의 생활을 만들어 주고 있다.

여러분도 꼭 '나만의 0원 재료'를 수집해 보길 바란다.

**소비·낭비·투자의 구분**

지출을 소비·낭비·투자로 구분하기 시작하자 돈을 모으기 쉬워졌다. 일반적으로 자주 소개되는 절약 기술에서는 가지고 있는 영수증을 소비·낭비·투자로 분류하는데, 나는 돈을 쓴 후에 지출을 분류하기보다 돈을 쓰기 전에 그 행동이 소비·낭비·투자 중 어디에 해당하는지 항상 가볍게 의식해 두려고 한다.

예를 들어 매장에서 구매하려고 집어 든 옷을 계산대

에 가지고 가기 전에 머릿속으로 '이 쇼핑은 소비·낭비·투자 중에 어디에 해당할까?'라고 순간 멈춰 생각해 보는 것이다. 그러면 쓰던 게 다 떨어져서 사려고 하는 소비인지, 집에 이미 있는데 더 사려고 하는 낭비인지 확실히 자각할 수 있다. 투자인 경우는 극히 드물고, 대부분이 소비나 낭비다.

이 방식이 익숙해지면 돈을 쓰기 전에 '전에도 비슷한 옷을 사서 두세 번 실패했었지'라고 깨닫기도 한다. 당연한 말이지만, 한 번 구매한 것은 돈으로 되돌리기 힘들기 때문에 구매한 뒤에는 늦는다. 구매 직전이라도 좋으니 소비·낭비·투자로 분류해 보는 습관을 들이는 것이 중요하다.

그렇게 하면 모처럼 구매한 물건을 후회하면서 뒤처리할 일도 없어진다. 구매 직전에 분류하는 일에 더해, 앞서 언급한 다음 달 예산을 짤 때도 "소비는 ○원, 낭비는 ○원까지, 나머지는 투자"라고 대략적인 틀만 잡아놔도 돈의 사용법이 이전과 상당히 달라진다.

돈에는 여러 역할이 있다. 자신이 실행하고자 하는 일

이 소비·낭비·투자 중 어떤 것이 많은지 객관적으로 살펴보길 바란다.

### 상상 메모

상상 메모는 '저걸 사면 이렇게 될지도 몰라'라며 자신의 머릿속 시뮬레이션을 자세히 기록하고 소비 습관을 다듬어 나가는 방법이다.

옷에 비유하면 이해하기 쉬운데, 사고 싶은 옷이 있으면 어떤 조합이 좋은지, 그 외에 옷 입는 방법에는 뭐가 있는지 등을 메모장에 글자나 그림으로 자세히 적는다. 그러면 '한 가지 코디로만 입을 수 있고, 그것도 한 시즌 정도밖에 못 입을 옷'과 같은 진실을 확인할 수 있다. 소비를 참는 방법이 아니라 냉정을 되찾는 방법이다.

그래도 사고 싶다면 구매해도 되지만, 경험상 그냥 적기만 해도 소비 욕구가 줄어드는 경우가 훨씬 많았다.

상상 메모를 쓰다 보면 어린 시절 갖고 싶은 옷이나 신발을 최대한 상상력을 발휘해서 그림으로 그렸던 기억이 난다. 어른들은 돈을 써서 원하는 것을 바로 손에 넣으려고 하지만, 사실 이상적인 이미지를 상상할 때가 가장 즐거운 것 같다.

상상 메모는 낭비를 줄일 뿐 아니라 상상을 다양하게 확장할 때의 즐거움을 생각나게 해준다.

절약 기술 중에서도 효과가 높았던 것들만 모았더니 시중에서 소개하는 절약법이나 저축 기술과 비슷해 보이기도 한다. 하지만 실제로 실천해 보는 사람은 많지 않을 것이다. 받아들인 정보를 활용할 수 있도록 평상시 사소한 일이라도 우선 시도하는 자세가 저소비 생활의 요령이다.

나는 여러 방법을 시도해 보니 충동을 적절히 조절할 수 있으면 낭비를 손쉽게 줄일 수 있다는 생각이 들었다. 모든 일은 계획이 중요하다고 하는데, 그 계획이 되지 않아서 어려운 경우가 우리와 돈 사이에 생기는 고민의 대부분일 수 있겠다.

따라서 어떻게 해야 자신의 충동과 잘 타협할 수 있을지, 세상에 넘쳐나는 절약 기술이나 지출 관리법을 일단 시도해 볼 필요가 있다.

 이번에 소개한 방법은 모두 돈이 들지 않으니 부담 없이 해보길 바란다. 해보고 맞지 않거나 재미가 없으면 바로 관둬도 괜찮다. 실패해도 경험이 늘었다고 여기고 점점 경험치를 올려보자.

## 돈이 필요 없는 환경

 돈에 관해 생각할 때 사람은 환경에 좌우된다는 사실을 잊어서는 안 된다. 나는 도시부터 시골까지 이곳저곳에서 살아보면서 분명히 돈이 들지 않는 환경이 있음을 깨달았다. 낭비도 저축도 마음먹기에 달렸다고 생각했는데, 사람은 환경에 영향을 상당히 많이 받는 존재라서 돈의 존재감이 짙은 환경과 돈의 존재감이 희박한 환경이 따로 존재한다.

 일하는 방식이나 수입보다도 주거 환경에 포함되어

있는 가게의 수나 물가 수준이 지출의 열쇠를 쥐고 있다. 가령 가장 가까운 편의점에 가려 하는데, 자동차를 타고 10분을 가야 하는 경우(돈의 존재감이 희박함)와 살고 있는 아파트 밑에 편의점이 있는 경우(돈의 존재감이 짙음)는 편의점에서 사용하는 금액의 차이가 현격히 달라진다. 내가 그곳에 있기만 해도 돈을 쓰게 된다고 느끼는 환경은 다음 두 가지였다.

1. 도보권에 대형 의류 매장, 저렴한 생활용품점, 인테리어 용품점이 입점한 쇼핑몰이 있다. 가장 가까운 슈퍼의 상품 가격대가 비교적 비싸다. 근처에 편의점이 많다. 집 근처에 지하철역이 다수 있다.
2. 지방에서 자동차로 생활하며, 외출하면 주로 쇼핑몰이나 식당을 방문한다. 밤낮 가리지 않고 습관적으로 인터넷 서핑을 하며, 온라인 쇼핑몰을 애용한다.

1번은 지나치게 편리해서 숨 쉬듯이 돈을 쓰는 도시 지역의 환경이다. 1인 가구의 도심 생활에서 흔히 일어나는 일이다. 아침에는 습관적으로 편의점에서 빵과 커피를 사고, 인테리어 용품점에서 계절 소품을 사는 등 일이 바쁘다는 핑계로 아무 생각 없이 값싼 물건을 계속 구매하면서 매일 낭비가 증가하는 패턴이다.

2번은 지방에서 흔히 보이는 모습으로, 기분을 전환하기 위해 자동차를 타고 쇼핑몰에 방문하고, 남은 시간은 인터넷 쇼핑으로 달래는 패턴이다. 이런 환경에서 살 때는 쇼핑몰이나 인터넷에서 저렴한 옷을 쓸데없이 구매하는 소비를 자주 했다. 나이가 젊을 때 아무것도 없는 곳에서 지내다 보니 미묘하게 자극이 필요했다.

극과 극으로 보이는 환경이지만, 의외의 공통점이 있다. 첫 번째는 가게에 방문하기 쉽다(인터넷 포함)는 점이다. 예를 들어 뭔가 살 생각이 없어도 외출이나 산책을 갔다가 굳이 가게에 들르는 습관이 생기면 어느새 과자나 1,000원 균일가 생활용품, 저렴한 의류 등 소액의 물건을 사게 된다. 그것이 쌓이고 쌓이면 결국 상당한 금액의 낭비로 이어진다.

두 번째는 불필요한 외출을 하기 쉽다는 점이다. 가만히 집에 있어도 되는데, 도보 또는 자동차나 전철로 바로 갈 수 있는 외출 장소가 있으면 쓸데없이 실행력이 향상한다. 그러면 교통비나 주유비가 드는 것은 물론이고, 외출이 잦으면 그만큼 차를 마시거나 외식을 하거나 쇼핑을 해서 지출이 야금야금 증가한다. 실행력이 오르는 것 자체는 좋지만, 돈 문제에서는 엄청난 속도로 가지고 있는 돈이 줄어든다.

그리고 가장 큰 원흉은 가볍게 돈을 쓸 때 전혀 낭비라고 생각하지 않고, 즐기기 위해 필요한 대금이라고 인식해서 소비를 남발하는 일이다.

큰돈을 쓰지 않고, 지극히 '일반적으로' 돈을 쓰기 때문에 이 환경에 몸담고 있던 당시의 나는 '사치가 아니야. 필요한 만큼 돈을 쓰고 있는걸'이라고 생각했다. 매월 신용카드 청구서에 긴장하면서도 돈의 사용법을 점검해야 한다고는 한시도 생각한 적이 없었다.

이렇게 모르는 사이 돈이 줄어드는 실패를 거듭하며

거주 지역을 선택하는 시점에서 문제를 개선할 수 있음을 점점 학습해 나갔다. 일반적으로 경험이 많아질수록 점차 편리한 곳에서 살고 싶어 하지만, 필요 이상으로 편리한 환경은 양날의 검이 된다.

저렴한 비용으로 살아가려면 역 근처나 편리한 장소는 우선 피해야 한다. 돈을 쓰지 않으면서도 쾌적하게 살아가려면 무엇이 필요한지 찾은 결과, 나는 이런 핵심에 도달했다.

- 내 마음이 편하게 지낼 수 있는 환경일 것
- 역에서 다소 떨어져 있을 것
- 이용하기 쉬운 슈퍼가 한두 곳 정도 있을 것
- 주변을 산책하면서 마음을 안정시킬 수 있을 것

세세하게 꼽자면 끝이 없지만, 가장 중요한 것은 마음 편히 지낼 수 있는 환경이다. 지금까지 내가 살기 힘든 환경은 피해서 지냈다고 생각했지만, 그곳이 좋았냐고 물으면 꼭 그렇지도 않았다.

저렴한 월세, 역 근처, 신축, 직장 근처 등 이론적으로 따졌을 때 장점이 많아 보이는 집으로 골랐기 때문에 '내 마음이 안정되는 주거 환경은 무엇인가?'라고는 한 번도 생각해 본 적이 없었다. 예전에는 출퇴근의 편리함에 따라 집을 선택하는 경우가 많았기 때문에 몰랐던 것도 당연하다.

돌이켜 보면 돈의 존재감이 짙은 환경에서 살 때, 집이나 환경이 마음에 들지 않아서 저도 모르게 불만이 커졌던 듯하다. 그러는 동안 쌓인 불만을 해소하기 위해 돈을 더 쓰는 버릇이 생겨서 자각하지 못하는 낭비가 커졌다는 것이 내 나름대로 분석한 결과다.

그렇다고 지나치게 절약하는 방향으로 가면 월세가 저렴하다는 이유로 햇볕도 바람도 들지 않고, 창문으로 보이는 경치도 없는 꽉 막힌 주거 환경을 고를 수도 있다. 이러면 역시나 집 안이 답답하고 편안하지 않기 때문에 공연히 외출이 잦아져, 소비를 통해 보상 심리를 채우게 된다.

내가 돈의 존재감이 짙은 환경에서 벗어날 수 있었던 것은 지금 사는 곳이 마음에 들지 않는다는 막연한 생각을 멈추고, 인접한 건물과의 거리, 주변 소음 상황, 이웃과의 관계 등 내가 불편한 환경, 피하고 싶은 구체적인 조건을 두어 마음 편히 지낼 수 있는 환경을 다시 생각했기 때문이다.

그리고 어느 정도 싫어하는 상황이나 불만이 밝혀지면 다음은 '좋아하는 환경이나 원하는 조건=지금까지 좋았고, 만족한 곳은 어디인가?'라는 기준을 두어 마음에 드는 집을 선택하기 위한 정밀도를 높여갔다. 우선 싫은 것을 해소하고, 다음으로 좋아하고 만족하는 지점을 반영한다. 이 두 단계의 필터가 중요하다.

내가 마음 편히 지낼 수 있는 환경을 알게 된 후에는 조금씩 지역과 층수를 바꾸는 식으로 개선해 나갔고, 좋아하는 주거 환경을 완전히 파악하고 나서는 생활비의 낭비도 줄어들어 만족스러운 생활로 발전할 수 있었다.

집의 선택은 일이나 물건의 선택과 비슷할 수 있다. 지금 하는 일이 싫어도 어떤 점이 싫고, 무엇이 불만이며, 어떻게 해결할 수 있는지 모르면 현 상황에서 벗어날 수 없다.

- 상사와 뜻이 맞지 않다 → 어떤 상사라면 함께 일하고 싶을까?
- 야근이 길어서 불만이다 → 어느 정도의 시간을 일하면 괜찮을까?

이렇게 자세히 살펴보면 내가 일하고 싶은 직장의 이미지가 점점 선명해지는 느낌이 들 것이다.

물건을 선택한다면 지금 가진 것이 마음에 안 들어도 '이게 아닌데. 영 별로야'라는 생각으로 끝내지 않는다.

- 디자인이 취향이 아니다 → 어떤 디자인이면 마음에 들까?
- 사용하기 어렵다 → 어떤 상황에서 어떻게 사용하기 어려울까?

위처럼 구체적으로 어떤 점이 마음에 들지 않고, 불만족스러운지 모른다면 그 점을 해결할 물건을 찾아낼 수 없다.

나의 싫음과 불만을 오셀로 게임에서 검은 돌을 흰 돌로 뒤집듯이 바꾼 결과, 내가 좋아하는 주거 환경은 햇빛이 잘 들고, 통풍이 잘되며, 소란스럽지 않고, 자연이 풍부하고, 창 너머의 풍경이 아름다운 곳이라고 결론 내렸다.

볕이 잘 드는 집은 전제적으로 밝고 따뜻하고 쾌적해서 난방 기구의 필요성이 낮아진다. 통풍이 잘되면 장마철에도 습하지 않고, 여름철에 시원하고 쾌적하다. 또한 베란다가 있으면 세탁기나 탈수기를 사용하지 않아도 빨래를 다루기가 상당히 편하다.

바깥이 소란스럽지 않으면 마음이 평온해지고, 자연에 둘러싸인 환경에서는 창문을 통해 사계절의 변화를 즐길 수 있다. 그렇다면 자연스럽게 다음과 같이 조건이 좁혀진다.

▼ 창문으로 보이는 나무. 봄이나 겨울에는 들새가 모이고, 여름에는 녹음이 상쾌하며, 가을에는 단풍이 선명히 보인다. 계절이 바뀔 때마다 다른 즐거움을 준다.

- 햇빛과 바람이 잘 통한다 = 눈앞에 건물이 없고 창문이 2면 이상 있는 구조
- 소란스럽지 않다 = 역이나 대로변에서 떨어져 있다
- 자연이 풍부하다 = 도심은 피한다

저소비 생활은 단순한 절약 생활이 아니다. 자신이 마음 편히 지낼 주거 환경이 없으면 성립되지 않는다. 아무것도 하지 않아도 기분 좋게 생활한다는 것은 저소비 생활의 최강 키워드다.

글로 적고 나니 특별해 보이는 것은 하나도 없지만, 일, 쇼핑, 레저에 마음이 가 있으면 자신은 무엇이 좋은지, 어떤 것에서 마음이 편해지는지 의외로 보이지 않을 수 있다.

마음 편히 지낼 수 있는 생활 환경이 있으면 돈을 별로 쓰지 않아도 안정적으로 살 수 있다. 이 사실을 알 때까지 나는 먼 길을 돌아왔다. 단지 절약하는 것만으로는 마음이 충만한 생활이 되지 않는다. 나의 감각을 우선하는 것이 주거에도 중요하다고 크게 느낀다.

## 일×취미×일상의 조합을 탐구한다

　일하는 시간은 정말 길게 느껴진다. 나는 지금 아무것도 하지 않는 시간이 꽤 길지만, 이전에는 매일 직장에 다니며 일하는 것이 일반적이라고 생각했다. 하루 8시간, 회사를 매일 다닐 때 인생에서 회사 동료나 상사와 함께 보내는 시간이 너무 길다는 사실을 깨닫고 충격받은 적이 있다. 가족이나 친구보다 직장 사람들과 함께 훨씬 긴 시간을 보내는 것이다.

　이렇게 일하는 시간의 길이를 생각해 보니 취미를 고민하기보다 '어떻게 일을 해나갈 것인가?'를 진지하게 생각하는 편이 낫다고 느꼈다. 그래서 마음을 다잡고 일하는 방식을 다시 생각하기 시작한 것이 지금의 생활 방식으로 이어지는 큰 전환점이 되었다.

　지금까지 직장인과 프리랜서로 일해오며 각각 느낀 점이 있다. 프리랜서는 정해진 근무 시간이 없어서 자유 시간이 많아 보이지만, '퇴근 시간이 따로 없어서 계속 일하게 된다'라는 체감이 있는 데다가 회사와 달리 정기적으로 일을 받을 수 없기 때문에 한가할 때와 바쁠 때의 기복이 어쩔 수 없이 생긴다.

한편 직장인은 정해진 근무 시간이 길지만, 프리랜서와 비교하면 실제로 실무에 쏟는 시간 외에도 잡무가 많아 일 처리가 늘어지는 느낌이 든다. 상사나 동료와 친밀한 인간관계를 만들 필요도 있어서 숨겨진 일이 많다는 느낌도 든다.

'직장인 vs 프리랜서'처럼 대립 관계로 생각할 수도 있지만, 안정성이 보장되는 부분을 제외하면 고용 여부가 아니라 자신의 성향과 일하는 방식의 상성이 실제 생활에 큰 영향을 준다.

나는 다양한 업무 방식을 경험하면서 생산성과 효율성을 최우선으로 하면 일하기 싫어지고 쉽게 지친다는 것을 알게 되었다. 효율과 성과를 중시하며 매일 열심히 일할 때는 몸과 마음이 전부 피폐해졌다. 반대로 목욕, 식사 준비, 수면, 청소 등 일상에 직접 와닿는 시간을 충실히 보내자 몸과 마음이 짓눌리는 듯한 피폐함이 확실히 없어졌다.

 흔히 일에서 한숨 돌린다고 하면 취미 생활을 즐기려고 하는데, 나는 일과 취미를 대립 관계로 의식했기 때문에 일에서 벗어나기 위한 취미가 되어버려 양쪽의 균형을 맞추지 못했다. 하지만 일과 취미에 더해 언제든 돌아올 수 있는 일상의 존재를 깊이 의식하자 일과 취미가 대립하지 않고, 모든 생활을 하나로 자연스럽게 이어 갈 수 있었다.

 밥을 짓거나 창문을 닦거나 바닥을 쓸거나 천천히 목욕을 하는 등 일상의 존재를 잊지 않고 지낼 때는 과장이 아니라 살아 있다는 실감이 들었다.

 일을 최우선으로 삼고 살아가니 주변의 모든 것이 번거로웠고, 요리할 시간에 그만큼 일하는 것이 낫다는 생각에 집안일을 손에서 놓으려고 한 적도 있었다. 그럴 때는 대개 과로해서 정신이 극히 예민한 상태였다.

 그런데 반대로 일상만을 지나치게 소중히 여기면 역시나 균형이 무너진다. 20대 초반에 소소한 일에도 정성을 기울이는 라이프 스타일을 처음 경험하면서 알게 되었는데, 필요 이상으로 일상에 과한 정성을 쏟으면 일에 집중하지 못하고 일상이 일종의 현실 도피가 되기도 한다.

이 또한 일과 취미의 대립처럼 일과 일상이 대립하는 사례일 수도 있다. 일과 취미로 균형이 기울어 있을 때는 현실에 충실한 내 모습이 빛나 보였지만, 집 안은 엉망이 되거나 낭비가 심해지기도 했다. 그 상태에서 일상에 의식을 돌리는 비율을 늘리면 방은 깨끗해지고, 후회할 만한 소비가 줄어들어 마음이 평온해진다는 사실을 깨달았다.

일, 취미, 일상의 균형에 정답은 없다. 커피는 블랙이 최고라고 하는 사람도 있지만, 설탕이 듬뿍 들어간 달콤한 카페오레를 좋아하는 사람도 있다. 에스프레소에 데운 우유를 섞어 마시는 것이 좋은 사람도 있고, 두유가 들어간 커피를 좋아하는 사람도 있다.

모두 누군가가 권유해서 좋아하는 게 아니라 각자 자연스럽게 자신이 맛있다고 느끼는 커피를 선택한다. 그처럼 일, 취미, 일상도 자기한테 느낌이 좋은 균형을 찾을 수 있다.

내가 평소에 하는 일은 대개 다음에 나올 카드 이미지와 같다. 어느 카드든 단독으로 보면 평범하지만, 끌리는 방향으로 조합해 보면 효과가 커진다.

나의 일, 취미, 일상의 조합을 예시로 들어보겠다.

- 독서를 하고 나서 청소한다(청소하는 동안에 책의 내용을 음미할 수 있다).
- 낮잠을 자고 나서 집필을 한다(막연히 쉬는 것보다 집중할 수 있다).
- 취미를 겸해서 카페에서 집필한다(집보다 아이디어가 확장된다).

회사에 있을 때도 나는 부지런히 책상 위를 닦거나 서류를 자주 정리했는데, 그러면 일에 더 집중되고, 예민했던 신경이 이완되는 느낌이 들었다.

커피나 단 음식으로 기분 전환을 하듯이 일상에는 생산성에 직접 이어지지 않아도 해보면 좋은 일들이 있다.

단지 버릇이나 생활 습관이라고 할 수도 있겠지만, 이 생활 방식이 내 몸과 마음, 그리고 변하지 않는 평소의 삶을 확실히 지탱해 준다고 느꼈다.

세상에 '워라밸'을 실현해 낸 사람이 많지 않은 것도, 일과 일상을 다 해내려면 '일은 바쁘지만, 요리도 제대로 하는 사람'처럼 부담이 두 배가 되기 때문이지 않을까?

거창한 삶보다 작은 단위인 자기 손안에 있는 일상을 생활에 필요한 하나의 요소로 파악하자는 것이 내 생각이다. 아무것도 아닌 산책이나 낮잠 시간이 생활 속에 자리하고 있으면 삶이 우아해진다.

일, 취미, 일상을 지금 자신의 균형에 맞춰 실현하면 낭비가 줄어들고 마음이 풍요로워지면서 저비용으로 살 수 있다.

이번에는 이미지를 떠올리기 쉽도록 카드로 소개했

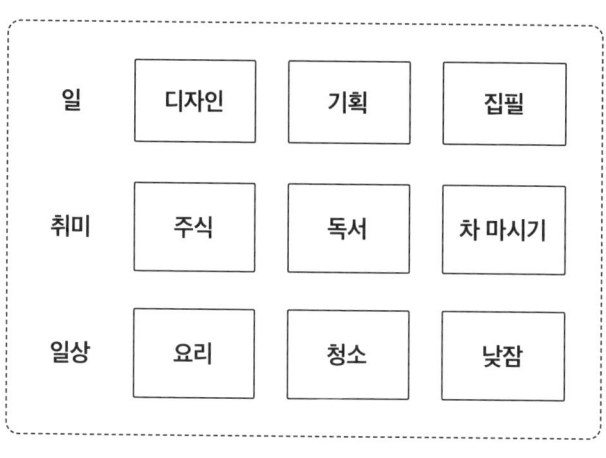

<조합 예시>

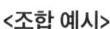

청소 중에 책의 내용을 음미할 수 있다

막연히 휴식하기보다 집중에 도움이 된다

지만, 사실은 더 절묘한 균형도 찾을 수 있다. 카페오레도 커피 6:우유 4로 진하게 마실 수도 있고, 커피 3:우유 7로 순하게 마실 수 있는 것과 같다. 만약 일상 60퍼센트, 일 30퍼센트, 취미 10퍼센트 정도가 좋다고 느껴진다면 가능한 범위 내에서 조절해 보자.

우리 생활에는 분명 나만의 알맞은 균형이 존재한다. 그리고 그 균형은 평생 고정된 것이 아니라 언제든지 바뀔 수 있다.

## 생활의 조합을 스스로 정한다

세상에는 일하고 싶지 않은 사람이 많다고들 한다. 아마도 일하기 싫은 것이 아니라 누군가에게 강요받고 싶지 않은 마음일 것이다. 강요받고 있기 때문에 괴로울 수밖에 없다.

무리하면 돈이 들어간다. 사실 일의 비율도, 마음을 풍요롭게 하는 일상의 비율도, 취미의 비율도 전부 스스로 결정할 권리가 있다. 그런데 우리는 어느새 권리를 박탈당한 것처럼 생각한다. 이는 자신이 현재 처한 환경에서 벗어나기 어렵게 만드는 한 요인이다.

  나에게 맞는 삶의 방식이 생기면 일, 취미, 일상의 모든 것이 그저 하기만 해도 즐겁다. 스스로 하고 싶은 일이라면 뭐든 취미처럼 즐길 수 있음을 저소비 생활을 통해 확실히 알았다.

  스스로 결정하지 않고, 세상이나 누군가가 "넌 일을 삶의 90퍼센트만큼 해야 해"라고 멋대로 비율을 정해서 억눌린 느낌을 받는다면 그만큼 다른 곳에서 스트레스를 발산하거나 조절할 필요가 생긴다. 그러면 쓸데없는 소비가 필요해진다.


  강조해서 말하고 싶다. 지금 자신에게 맞는 삶의 방식을 스스로 생각하고 실행할 수 있으면 돈을 낭비하거나 돈 때문에 어려움을 겪는 상황이 줄어든다. 돈에 휘둘리지 않는다면 그만큼 고민이 줄어든다.

  세상은 더 넓고 자유롭다. 그 세계를 좁히고 있는 것

은 본인의 시야다. 나는 오늘도 "이번에는 저 카드를 조합해 보자", "새로운 카드를 손에 넣었다"라고 시행착오를 거듭하고 있다. 카드의 조합도 무한대다.

**덧붙이는 이야기**

# 궁금한 것은
# 모조리 해보기

하면 좋겠지만, 결심이 서지 않고 의욕이 생기지 않는 일이 참 많다. 물론 나 역시 알고 있어도 아직 하지 못한 일이 많다. 하지만 더 무기력했던 예전의 나와 비교하면 완전히 나아진 셈이다.

어떻게 그렇게 되었냐면 이름하여 '궁금한 것은 모조리 해보기'를 실천했기 때문이다. 이 기간에는 '시간이 없다, 돈이 없다, 의욕이 없다'고 하지 않고, 흥미와 관심이 생기는 일은 다 한다. 나는 일단 3개월 동안 기간 한정 테스트로 시작했다.

"사회인 동호회가 있구나. 조금 흥미가 생기네."
⇨ **쉬는 날 연락해 본다.**
"조깅에 관심이 가는데. 할 수 있을까?"

⇨ **일단 당장 가볍게 달려본다.**
"블로그에는 뭘 쓰면 좋을까?"
⇨ **다음 연휴에 사이트를 개설한다.**
"돈을 관리해야 하는데."
⇨ **내가 지금 할 수 있는 일부터 한다.**

이렇게 어쨌든 한 걸음이라도 나아가자는 식이다.
'궁금한 것은 모조리 해보기'를 하면서 흥미만 보였다가, 하고 싶다는 마음만 먹었다가 하지 않은 일이 얼마나 방대한지 깨달았다. 생활에 이렇다 할 변화가 오지 않는 것도 주위의 환경이나 사건 탓이 아니라 내가 하지 않아서일지도 모른다는 사실을 비로소 자각할 수 있었다.

궁금한 것을 궁금한 채로 방치하면 관심이나 흥미만 머릿속에서 빙빙 돌기 때문에 머리가 복잡해진다. 그런데 실제로는 아무 행동을 하지 않아서 현실에 변화가 없으므로 복잡해진 머릿속만큼 손해인 셈이다.

그리고 생각이 빙빙 돌면 실행을 가로막는 장벽은 더

욱 높아진다. 끝없는 사고의 늪에 빠졌을 때 '궁금한 것은 모조리 해보기'를 타개책으로 삼으면 주변 시선에 아랑곳하지 않고 일단 시도할 수 있다.

나는 이 기간을 통해 나에게 부족한 점이 능력보다 추진력임을 깨달았고, 이후로 움직임이 훨씬 좋아졌다. 사회인 동호회는 맞지 않아서 바로 그만두었는데, 나는 다 같이 시끌벅적한 것보다 혼자 지내는 것을 더 좋아한다는 사실을 깨달았다.

그리고 조깅도 나에게 맞지 않아서, 가벼운 트레이닝을 하면서 걷기로 했다. 블로그는 지금의 온라인 업무로 이어졌고, 돈 관리는 지금 내 생활의 중요한 기반으로 발전했다. 어떤 배움이든 전부 소중하다.

아직 아무것도 모르거나 실행에 옮기지 않았을 때는 그것이 잘될지, 잘 맞을지 아무도 모른다. 실행하면서 조금씩 수정하거나, 맞지 않으면 바로 그만두거나, 즐거우면 계속한다. 이것이 이 활동의 가장 큰 수확이다.

여러분이 '궁금한 것은 모조리 해보기'를 한다면 무엇을 가장 해보고 싶은가?

# 제2장

---

## 의식주를 정리한다

---

## ( 줄이는 것이 아니라 늘리지 않는다 )

 의식주와 물건을 정리한다고 하면 일단 줄이고 싶어 하는 사람이 많다. "물건을 버리고 홀가분하게"라는 문구에 마음이 설레는 사람도 많을 것이다.

 하지만 나는 줄이기보다 철저히 늘리지 않아야 정리되고, 그에 따라 물건도 자연스럽게 필요한 것만 수중에 남는 상태가 된다고 생각한다.

 그렇다면 늘리지 않기 위해 유의할 점은 무엇일까?

 뭐든 바로 사지 않고, 가진 것으로 지내면 된다. 갖고 싶은 것이 있어도 우선은 주변에 있는 물건으로 대신해 보고, 꼭 필요하다면 구매한다. 잠시라도 일단 멈추는 습관을 들이는 것이다.

뭐든지 쉽게 구할 수 있는 세상은 편리한 반면, 구매하면 구매한 만큼, 늘리면 늘리는 만큼 쓸데없는 것이 늘어날 확률도 높아진다. 그 결과 정리나 지출 관리 압박에 시달리기도 한다.

심한 말 같지만, 원하는 물건을 바로 사는 것은 재산을 줄이려고 노력하는 일이다. 물론 이렇게 비판적으로 사고하는 것은 간단하지만, 실제 행동으로 옮기기 어렵다는 사실은 잘 안다.

그렇다면 있는 물건으로 생활하기 위해 어떻게 해야 할까? 이번 장에서는 의식주와 물건과의 관계에 대해 내 경험을 공유하겠다.

## 바로 사지 않는 연습

불필요한 물건이 없도록 하는 데는 순서가 있다. 효율적인 물건 정리 방법은 대강 이런 순서다.

- STEP 1. 새로 들이지 않는다.
- STEP 2. 확실히 사용하지 않는 물건을 처분한다.
- STEP 3. 사용하는 물건을 조금씩 정리한다.

우선은 새로운 물건을 바로 들이지 않는다고 결정하는 것이 가장 중요하고, "버리자!"라고 팔을 걷어붙이는 일은 다음 단계다. 바로 사들이기 때문에 돈이 줄어들고, 물건이 증가하고, 정리에 쫓기다가 주머니가 허전해지는 법이다.

필요하다고 생각해서 샀는데, 한순간에 쓰지 않는 물건이 된 적이 있지 않은가? 아마 많은 사람이 진짜 필요한 물건을 사지 못하는 것이 아니라 별로 필요 없는 물건을 자꾸 사는 함정에 빠져 있을 것이다. 그래서 먼저 사지 않겠다고 마음먹는 것이 필요하다.

우리는 쇼핑이 점점 더 간단하고 편리해지는 세상에 살고 있다. 수중에 돈이 없어도 신용카드나 후불을 이용하면 지불을 미룰 수 있다. 주문하면 거의 당일에 받아볼 수도 있고, 부재중이라도 택배함이나 문앞에 배달해 주기 때문에 수령이 곤란한 일도 없다.

잠결에도 구매가 가능할 정도로 구매 장벽이 낮다. 이 얼마나 무서운 일인가? 나는 평소 인터넷 쇼핑몰을 이용할 때 '이 버튼만 누르면 내일 바로 도착하는 건가?'라고 생각하며 불안감이 스치는 순간이 있다.

인터넷뿐만이 아니라 실제 매장에서도 자택 배송, 포인트 적립 서비스, 쿠폰 배포, 사은품 증정 등 구매 의욕을 불러일으키는 서비스가 앞다투어 우리를 기다린다. 편리한 서비스를 잘 활용하면 좋겠지만, 바로 사들이는 습관이 있으면 불필요한 물건이 집에 쌓일 가능성도 그만큼 커진다.

갈팡질팡하지 않으려면 지금 가진 물건으로 지내는 습관이 필요하다. 자동차에 비유하자면 '건널목 앞에서 일단정지' 규칙이다. 건널목을 계산대나 지불 행위라고 생각하면 이해하기 쉽다.

물론 갑자기 소비를 안 하겠다고 극단적으로 정하지 말고, 우선은 일주일에 한 번이라도 바로 사지 않으려고 노력하는 마음으로 조금씩 시도해야 한다.

바로 사는 습관에서 있는 물건으로 지내는 습관으로 서서히 옮겨가면 지출도 줄어들고, 불필요한 행동으로 시간을 낭비하는 일도 없어진다. 시간과 마음의 여유도 생기고, 공부나 취미 등 자신이 하고 싶은 일에 지출하고 집중하는 데에도 도움이 된다.

사지 않고 생활하는 쾌적함을 실감한다면 지나친 소비의 폐해를 깨닫게 되어 습관이 점점 바뀔 수 있다.

## 큰 변화는 가성비가 나쁘다

흥청망청 돈을 쓰다가 물건이 확 늘어나서 이게 도대체 무슨 일인지 지출 내역을 살피며 내 씀씀이를 되짚어 본 적이 있다. 그러자 몹시 지루한 상황에서 생긴 불만을 해소하기 위한 소비가 대부분이었다.

정말 필요하다기보다 그저 분위기를 바꾸고 싶어서 새 옷을 샀다. 이렇듯 뭔가 불만족스럽고 어떻게든 하고 싶다는 꽤 막연한 이유로 돈을 쓴다. 그리고 더 큰 변화를 원해서 돈을 더 쓰고 싶어진다. 돈을 들인 만큼 큰 보상이 돌아온다는 생각이 들기 때문이다.

사실 물건의 위치나 사용하는 방식을 조금 바꿔보면 이미 가진 것으로도 충분히 생활할 수 있다. 바로 구매하는 것이 습관인 경우, 현재 상황을 바꾸려면 돈이 필요하다고 생각해서 결국 물건을 늘린다.

예를 들어 지금 지내는 집이 마음에 들지 않아서 인테리어를 바꾸고 싶을 때 나는 우선 정성을 들여 청소하거나 물건의 배치를 바꿔본다. 이러면 들어가는 돈은 제로다. 하지만 바로 돈을 들여 변화시키려고 하면 지금 있는 물품을 처분하는 비용, 새로운 물품을 구매하는 비용이 필요해서 어디서부터 손을 대야 할지 모르게 된다.

커튼이나 쿠션 등을 교체하면 순간적으로 기분이 진정될지도 모르지만, 금세 또 뭔가를 바꾸고 싶은 불만이 솟구친다. 돈을 들일수록 불만이나 불안이 해소될 것 같지만, 사실은 그렇지 않다. 극명한 변화일수록 그 순간의 기분 전환은 되겠지만, 생각처럼 오래가지 않고 또 뭔가를 갖고 싶어지는 악순환에 빠진다.

그러니 큰 변화일수록 큰돈이 든다고 평상시에 의식하고 있어야 한다.

## 정말로 바라는 것

바꾸고 싶다는 의욕이 끓어오를 때일수록 아주 냉정해져야 한다. 그렇다면 평소 생활에서 뭔가를 바꾸고 싶을 때는 도대체 언제일까? 내 경험을 되돌아보면 지금 생활이 지루해졌을 때, 일이나 인간관계가 원활하지 않을 때였던 것 같다. 산과 계곡에 비유하자면 계곡의 밑바닥에 떨어졌다는 느낌이 강할 때일수록 뭔가를 바꾸고 싶은 의욕이 절실하게 솟아오른다.

하지만 이런 마음은 상당히 성가신 존재다. 언뜻 보기에 변화가 클수록 기쁨도 클 것 같지만 실제로는 정말 바라는 바가 실현되어야 만족할 수 있다. 보유한 옷을 싹 다 처분하고 새 옷으로 채워 넣는다고 해도 표면적인 변화는 일어날지언정 진정한 바람은 이루어지지 않는다. 이때 가진 것으로 생활하자고 냉정함을 찾을 수 있다면 본심을 깨달을 수 있다.

'그래. 나는 사실 옷을 갖고 싶은 게 아니라 가라앉은 기분을 회복하고 싶을 뿐이야.'

그러면 가지고 있는 옷을 정성스럽게 세탁하거나 코디 조합을 바꿔보는 식으로 기분을 진정시킬 수도 있다.

갖고 있는 물건으로 생활하려면 사실 현재 상황에 만족하는 것이 필수다. 바꾸고 싶다는 기분은 지금의 상황을 개선하거나 자신을 성장시키는 에너지도 되기 때문에 중요한 면도 있지만, 근본적인 해결을 생각하지 않고 쇼핑으로 발산하는 것은 안타까운 일이다.

바꾸고 싶다는 마음이 솟아날 때는 자신의 생각이나 고정관념을 다시 살펴볼 좋은 기회일 수도 있다. 우선은 있는 물건으로 지내면서 서서히 현재 상황과 마주해 보자. 나도 하루하루 그런 점들을 유념하면서 지내고 있다.

## 정보 과잉의 시대

 요즘은 당연하다고 생각하면서 이것저것 받아들인 탓에 생활의 규모가 점점 커지는 느낌이다. 스스로 뭔가를 바꾼다는 의식이 없어도 우리를 둘러싼 상품이나 서비스가 날마다 엄청난 속도로 진화하고 있기에, 에스컬레이터처럼 그저 흐름을 타기만 해도 자동으로 과잉 상태가 된다. 그런 흐름에 타고 있는 것을 모르고 지내다 보면 정보든 물건이든 과해진다.

 혹시 스마트폰에 쇼핑 앱을 설치해 놓고 무심코 열어 보지 않는가? 그것만으로도 평소 생활에 엄청난 양의 정보가 들어온다. 오늘의 한정 세일, 새로운 계절 아이템, 예약 구매 시작. 앱이 없었다면 이런 내용을 모른 채 유혹 없이 지냈을 것이다.

 필요가 없는데, 그냥 지나칠 수가 없어서 결국 구매 버튼을 누른다. 우리의 생활은 이런 일들로 넘쳐나고 있다. 완전히 앱에 휘둘리는 셈이다.

 나는 저소비 생활을 시작하면서 이 상황이 자연스럽

다고 생각하는 것 자체가 이미 과잉임을 깨달았다. 그래서 뭔가를 받아들이기보다 의식적으로 받아들이지 않는 편이 생활에 도움이 된다고 느꼈다.

이득 상품이나 포인트 두 배 타이밍에 신경을 빼앗기는 것도 모두 습관 때문이다. 나도 예전에 'O퍼센트 할인'이라는 글자에 낚여 세일 상품을 살 뻔한 적이 있다. 예를 들어 1만 원짜리 상품이 20퍼센트 할인된 경우를 보자.

- 1만 원 상품 20퍼센트 할인 → 2,000원 이득
- 아예 구매하지 않음 → 8,000원 이득

가진 돈이 줄어들지 않는 쪽이 어디인지는 한눈에 알 수 있다. 하지만 2,000원 남는 것이 더 중요해 보여서 잘못된 선택을 하는 경우가 많다.

2,000원 남는 것보다 8,000원을 쓰지 않는 것이 이득이다. 조금 냉정하게 금액을 잠시 떠올려 보기만 해도 내가 얼마나 쓸데없는 일을 하고 있는지 살펴볼 수 있다.

일단은 아주 조금씩이라도 과도한 정보나 물건에서 벗어나는 습관을 들여보자.

나는 다음과 같이 실천하고 있다.

- 쇼핑하러 가는 날짜를 정해둔다.
- 자주 들여다보는 앱을 삭제한다.
- 쇼핑 사이트의 신용카드 등록을 해제한다.

모두 사소한 일이지만, 하다 보면 어느새 습관이 바뀐다. 생활 규모가 과도하게 커지는 이유는 쓸데없는 일을 크게 벌려서가 아니다. 평소에 의식하지 못하는 아주 사소한 일들이 먼지처럼 쌓여서 그리된 것이다. 그러므로 단숨에 큰 변화를 노리지 말고, 자잘하게 쌓인 먼지를 닦아나가겠다는 마음가짐이 중요하다.

생활이 과해졌다는 신호는 바로 괴로움이다. 힘들다는 감각은 그만해도 된다는 신호이기도 하다. 때로는 잘 참아내기보다 떠나는 용기가 필요하다. 괴로움을 참으면 더 많은 것들을 생활에 끌어오게 된다.

마음속 괴로움을 확실히 자각하고, 그것을 서서히 없애려고 노력하면 그것만으로도 생활이 심플해져서 무리 없이 정리될 것이다.

## 항상 사용하는 것을 잘 살핀다

  적은 물건으로 살면서 실감하는 사실은 가진 것이 조금이면 오히려 새로운 것들을 받아들이지 않게 된다는 점이다.

  집에 물건이 적으면 이것저것 사고 싶어지리라 생각되지만, 나는 반대라고 생각한다. 집에 여러 가지가 있기 때문에 뭔가를 받아들이는 데 저항이 없어져 결과적으로 필요 없는 물건까지 점점 들이게 된다.

  예를 들어 발에 잘 안 맞지만 저렴해서 구매한 신발이 집에 있다고 하자. 신기 편하도록 보조 아이템을 사려고 마음먹었다. 1,000원 균일가로 판매하는 물품으로 간단히 보완할 수 있을지도 모른다. 제대로 해결하려면 신발 수선집에 가서 고치는 것도 한 방법이다.

하지만 이것이 바로 물건이 늘어나는 함정이다. 애써 고민한 보람도 없이 그 신발이 마음에 들지 않아 방치하고, 또 새로운 신발을 사는 흐름이 생기면 물건은 점점 늘어난다.

만약 처음부터 발에 맞는 신발을 제대로 골라 구매한다면 보조 아이템을 구매할 필요도, 수선집에 갈 필요도 없다. 전체 비용을 생각하면 처음부터 저렴하지 않아도 발에 맞는 신발을 구매하는 편이 나을 것이다.

신발뿐 아니라 처음부터 잘 맞지 않는 물건은 결국 어떻게 고쳐도 딱 맞는 경우가 별로 없다. 가지고 있어도 맞추기 위해 불필요한 수고가 발생하기 마련이다.

잘 맞지 않는 상품을 선택하는 이유는 내가 뭘 필요로 하는지 제대로 파악하지 못하기 때문이다. 그러면 또 사소한 실수를 저지르면서 비슷한 실패를 반복한다. 결국 물건은 늘어나고, 돈은 줄어든다.

이런 안타까운 상태를 방지하려면 지금까지 겪어온 경험치를 새 물건을 살 때 착실히 반영해야 한다. 물건을 선택하는 데 정답은 없고, 경험치의 실현만이 있을 뿐이다.

함부로 소지품을 늘리지 않고, 쓸데없는 쇼핑도 하지 않으려면 먼저 평소 사용하는 물건의 특징을 잘 이해하는 것이 필수다. 무엇을 선택해야 정답인지를 따지기보다 나에게 어떤 기능이 어느 정도 필요한지, 무엇이 갖춰져 있어야 마음에 드는지 꼭 짚고 넘어가야 할 포인트를 파악해 둔다.

앞서 신발의 예시라면 '신기 불편하다→어떤 점이 신기 불편했는지' 명확히 해둔다. 또한 '신기 편한 신발→어떤 부분에서 신기 편했는지' 파악해 두면 다음부터 나에게 딱 맞는 신발을 고를 수 있다.

사람에 따라서는 브랜드나 금액이 중요할 수도 있지만, 나는 기본적으로 실용성을 중시하기 때문에 항상 '나에게 필요한 기능을 갖춘 제품'이라는 기준에서 고르고 있다.

그리고 물건 각각의 특징을 파악하기 위해서는 필요한 것만 적정량 사둔다는 것이 철칙이다. 물건을 다양하게 많이 가지고 있으면 어느 하나로 보완할 수 있다는 생각은 불필요한 물건을 망설임 없이 늘리는 주범이다.

결국 마음에 들고, 사용하기 편하려면 같은 상품에 정착해야 하지 않을까? 멋지게 말하자면 소수 정예로 갖춰놓는다고 할 수 있다. 일상생활에서 사용하는 펜, 식기, 자주 입는 옷 등을 떠올려 보자. 여러 종류가 있지만, 결국 항상 같은 것을 사용하지 않던가? 수건이나 속옷 등 평소 사용하는 것은 서랍의 가장 위쪽에 있다. 빨래해서 다시 쓰고, 또 쓴다. 대부분의 사람은 항상 같은 생활용품을 사용한다.

결과적으로 같은 물건만 사용한다면 그것만 남기면 된다. 그리고 나는 이 총량을 적정량이라고 판단하고 있다. 무엇이 불필요한지, 어느 정도가 적정량인지 따지기보다 지금 내가 사용하고 있는 것만 얼마나 남았는지 보면 된다고 단순하게 생각한다.

## 생필품과 사치품

우리 생활 속에는 생필품처럼 보이지만 사실 사치품인 물건이 상당히 많다. 주변의 물건을 생필품과 사치품으로 구분해 보면 무엇이 나에게 꼭 필요한 물건인지 알기 쉽다.

사람에 따라 사치를 과감한 지출이나 여유라고 정의할 수도 있는데, 그 기준이나 수준이 상당히 다를 것이다. 나는 평소에 사용하지 않는 물건을 사치품이라고 부른다. 중요한 것은 '사치품=모두 불필요한 물건'이라는 뜻이 아니다. 이 또한 스스로 만족하는 균형을 찾아야 한다.

옷을 예로 들어보자. 매일 입는 옷과 특별한 날 입는 옷이 있다. 여러분이 만족하는 균형은 어떤 쪽인가?

A. 매일 입는 옷은 착용 빈도가 높기 때문에 비교적 좋은 것으로 사고 싶다. 특별한 날 입는 옷은 자주 입지 못하므로 때마다 대여해도 된다.

B. 매일 입는 옷은 솔직히 뭐든 상관없다. 특별한 날 입는 옷은 가지고 있는 것만으로도 즐겁기 때문에 기꺼이 지출한다.

C. 매일 입는 옷도 특별한 날 입는 옷도 전부 신경 쓰고 싶다.

물론 이 외에도 많은 경우가 있을 수 있지만, 소지품을 생필품과 사치품으로 나누면 본인이 만족스러운 균형을 파악하기 쉬워진다. 의류나 주방용품 정도까지 범위를 좁힌 다음 나누는 것이 요령이다. 그렇게 하면 막연히 상품을 고를 때 탄력적으로 선택할 수 있고, 소비 방식에도 변화가 찾아온다.

1장에서도 언급했듯이 일상적인 물건을 선택할 때도 자신이 만족하는 균형의 축을 제대로 세우고 구매해야 낭비하지 않는다. 자주 사용하는 물품일수록 고민 없이 고르는 경향이 있지만, 일이나 집의 선택처럼 신중하고, 꼼꼼하게 따져보길 바란다.

# 옷을 고르는 기준

세상에는 언제, 어디서든 대량의 옷이 팔리고 있다. 게다가 사무용, 평상시용, 레저용 등 용도별로 옷장을 채워나가면 무엇이 정말 필요한지 알기 어려워지고, 관리는 물론 구매를 위한 탐색도 번거로워진다.

가짓수가 많으면 입기 편하리라 생각했는데, 옷은 많지만 입을 옷이 없는 미스터리한 현상이 일어난다. 그래서 또 다른 옷을 산다. 예전에 나는 수많은 옷 속에서 길을 잃은 신세였다.

옷이나 가방처럼 몸에 걸치는 물품에는 다른 것들보다 자신을 한순간에 바꾸어 주는 특별함을 기대하게 된다. 지금부터는 내가 옷 때문에 헤맸던 과거를 청산하기 위해 겪은 시행착오 과정을 이야기하고자 한다. 저렴한 비용으로 불편함 없이 지낼 수 있는 옷 고르기 방법에 대해 정리해 보겠다.

우선 옷과 관련되어 아무리 해도 포기할 수 없는 지점을 명확히 해둔다. 그동안 내가 옷에 돈을 낭비하면서 실패를 겪은 것도 옷에 원하는 바가 명확하지 않았기 때문이었다.

판단 기준이 생기고 나자 불만이 줄어들고, 곤란한 일도 생기지 않게 되었다. 멋 부리기나 트렌디한 옷차림은 과한 욕심을 내면 지갑 상태가 힘들기 때문에 여력이 있으면 하겠다고 결론 내렸더니 선택지가 좁혀졌다.

그렇다면 내가 절대 포기할 수 없는 점은 다음 세 가지다.

1. 관리하기 편한 옷
2. 통풍이 잘되고, 움직이기 편하며, 착용감이 좋은 옷
3. 나에게 어울리는 옷

특히 나에게 어울려야 한다는 점을 중요하게 생각한다. 나는 옷을 고를 때 나를 바꿔주는 옷이 아니라 나에게 어울리는 옷, 즉 나의 장점을 돋보이게 해주는 옷을 중요하게 꼽는다.

예전에 아무리 옷에 돈을 써도 만족할 수 없었던 것은

패턴이나 만듦새에 공을 들인 옷이나 세련되고 기품 있는 옷처럼 순식간에 나를 멋지게 변신시켜 줄 옷을 찾고 있었기 때문이었다. 돈을 들이면 들인 만큼 바뀔 수 있다는 마음으로 옷을 골랐을지도 모른다.

하지만 나의 장점을 돋보이게 해주는 옷, 다시 말해 나에게 어울리는 옷에 초점을 맞추게 되면서 옷에 대한 과도한 기대가 사라졌고, 옷에 쓰는 금액도 줄었다.

마음에 드는 옷에 자신을 맞추는 것이 아니라 자신에게 맞는 옷을 고른다. 써놓고 보면 아주 평범한 말 같지만, 나 자신에게 애정이 없으면 옷에 과도한 기대를 하게 된다. 내가 그리는 이상적인 모습이 본래 나의 특색과 동떨어져 있을수록 디자인이나 옷의 조합으로 상쇄할 필요가 생기기 때문에 그만큼 돈, 아이템 수, 센스가 필요해진다.

어떻게 해서든 실현하고 싶은 이상적인 모습이 있다면 어쩔 수 없지만, 본래 자신의 특색에 맞는 옷을 골라야 적은 비용으로 세련된 느낌을 줄 수 있고, 자신감도 생긴다.

## 취향을 확고히 한다

　문제는 자신에게 어울리는 것을 판단하는 기준이다. 나는 여러 방법을 시도한 결과, 나에게 어울리는 옷을 찾으려면 가지고 있는 옷과 취향을 맞추는 것이 요령임을 알게 되었다.

　내가 새 옷이나 액세서리를 고를 때 활용하는 도구는 다음 쪽에 나올 그림과 같다. 새 옷이나 액세서리의 구매를 고려할 때는 이 그림을 토대로 가진 옷 중에 같은 구역에 들어가는 옷이 있는지 확인한다. 평상시 옷차림과의 상성을 냉정하게 비교하면 취향을 쉽게 정리할 수 있다.

　다른 옷과 맞춰보니 어울리지 않는다면 대개 기본적인 취향이 맞지 않는 경우가 많다. 그리고 저비용으로 해결하려면 바라는 이미지보다도 원래의 체형이나 얼굴 생김새, 전체적인 분위기 등 나의 특색을 살린 구역을 선택하는 것도 중요하다.

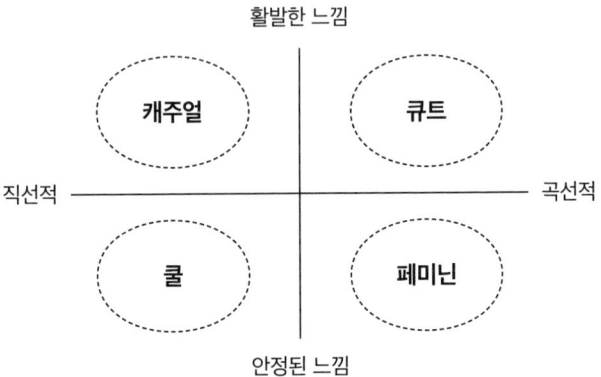

구매하려고 하는 옷을 위의 틀 안에 넣고 생각해 보면 색감이나 디자인의 선택지가 명확해져서 막상 입어봤을 때 안 어울리는 사태를 막을 수 있다.

## 새것으로 사지 않는다

티셔츠처럼 해지기 쉬운 아이템은 새것으로 구매하는 편이 나을 수 있지만, 셔츠나 원피스처럼 색상이나 모양이 잘 변형되지 않는 옷이라면 재사용으로 충분하다. 특히 겨울용 아우터는 소재도 만듦새도 튼튼하고,

중고라 해도 깨끗하게 입을 수 있는 경우가 많다. 참고로 내가 가진 아우터는 중고 매장에서 약 2만 5,000원에 구매한 제품이다.

과거에 자주 입던 옷을 찾아서 다시 구매하는 것도 실패하지 않는 방법이다. 최근에는 몇 년 전에 잘 입었던 셔츠의 새로운 모델이 중고 거래 앱에 7,000원으로 올라와 있어서 다시 살 수 있었다.

감사하게도 일본의 유니클로 같은 의류 매장에는 소재나 형태 등이 부분적으로 변경되어도 상품명은 똑같은 사례가 많이 보인다. 자신이 좋아하는 옷의 상품명을 중고 거래 앱에서 검색해 보면 깨끗한 상태로 구할 수 있을지도 모른다.

사이즈가 맞지 않을까 봐 걱정된다면 매장에 가서 입어보고 인터넷에서 구입할 수 있는 중고 매장을 활용하는 것이 더 확실하다.

중고 거래를 하면서 느낀 점은 태그를 떼지 않은 새 제품이 많다는 것이다. '중고=오래된 이미지'를 떠올리는 사람도 많은데, 구매해 놓고 착용하지 않은 물품이 상당히 올라온다. 게다가 정가의 절반 이하로 판매하는 경우도 많다.

중고 매장에서도 할인을 하므로 5,000원짜리 청바지나 7,000원짜리 아우터가 더 저렴해지기도 한다. 참고로 내가 지금 가지고 있는 원피스는 태그가 붙은 새 상품으로 5,000원이었다. 새 제품을 사면 어느 정도 돈이 필요하지만, 중고 제품을 구매하면 주머니 부담도 줄어든다. 찾는 것이 조금 번거롭지만, 이따금 보물을 발견하는 재미도 있다.

## 전기 주전자와 밥솥

지금 우리 집에 있는 조리 기구는 소형 전기밥솥과 전기 주전자가 전부다. 냉장고, 전자레인지, 랩이나 저장 용기는 사용하지 않는다.

예전에 나는 요리가 취미라고 자부했고, 집을 고를 때 2구 가스레인지는 필수 조건이었다. 조리 기구도 압력

솥, 뚝배기, 밀크팬 등 정말 다양하게 사용했다. 휴일에 2만 원 정도로 식재료를 사서 일주일 치 반찬을 만들어 비축하고, 밥도 넉넉하게 지어서 냉동해 놓기도 했다. 하지만 피로가 쌓이는 주 후반에 만든 지 좀 지난 반찬을 먹는 것은 조금 힘들었다.

그런데 저소비 생활을 실천하면서 빌트인 인덕션만 있어도 충분했다. 전자레인지나 냉장고가 없어도 가능하다고 필요조건이 느슨해졌다.

과연 월세를 5만 원 올리면서까지 가스레인지를 고집할 필요가 있을까? 냉장고가 필요할까? 하나하나 되짚어 보니 설비의 필요성을 못 느낀 것이다.

지금은 조리 기구를 관리하거나 조리 중에 부엌에 붙어 있어야 하는 번거로움에서도 해방되었고, 저렴한 집세 이상의 장점도 얻어 상당히 만족스럽다. 가장 부피가 큰 조리 기구 세트가 없어지니 이삿짐도 상당히 가벼워졌다.

놀라운 사실은 음식을 열심히 만들어 둘 때보다 지금

의 식생활이 더 건강하고, 식비도 부담 없이 줄어들었다는 점이다. 내 생활에는 이 정도 장비로 충분하다. 지금 식비는 적을 때 월 4만 원을 밑돌기도 해서 아무 생각 없이 식재료를 구매하던 시절과 비교하면 비용 차이가 상당히 크다. 갓 만든 음식이 맛있고, 먹고 싶은 만큼만 조리하는 편이 마음이 편해서 건강함도 쾌적함도 향상되었다.

한번은 완전히 외식으로만 생활해 보려고 시도해 봤는데, 한 번에 나오는 식사량이 많기도 하고, 경제적으로나 신체적으로 상당히 힘들었다. 그러다 달걀덮밥이나 낫토 밥과 된장국 등 간소한 일반 식사가 하고 싶어졌고, 그렇다면 집에서 만드는 쪽이 저렴하다는 결론에 도달했다.

실용적인 면에서도, 경제적인 면에서도, 건강 측면에서도 나에게 맞는 식생활을 이해하고 날마다 실천하는 것이 무엇보다 중요하다.

## 먹을 만큼만 사서 만든다

 냉장고에 방치된 채소나 반찬을 '슬슬 먹어 치워야 하는데…'라는 마음으로 억지로 먹는 것은 정말 힘들다. 지금 나의 식생활은 신선식품을 소비하기 위해 신경 쓰지 않고, 먹고 싶은 양을 소량으로 만들기 때문에 마음이 편안하다.

 집에 보관하는 식품은 멸치, 콩, 무말랭이와 말린 톳 등의 건어물이다. 계절에 따라 다르지만, 일주일에 한두 번 정도 채소와 달걀, 두부와 낫토를 구매해서 식단을 돌린다.

 조미료는 된장, 간장, 올리브유, 식초, 소금이 있다. 마요네즈, 케첩, 국물 소스 등은 먹고 싶으면 사지만, 필요한 적이 별로 없었다. 소스와 드레싱은 올리브유와 소금, 식초, 간장으로 대체할 수 있다.

 조리다운 조리는 거의 하지 않고, 아침이나 점심에 밥만 한다. 밥솥에 쌀(심지어 씻지도 않는다), 하룻밤 물에 불린 콩, 말린 톳을 넣고 물을 넣어 섞은 뒤에 밥을 지으면 그걸로 끝이다.

 거기에 된장을 뜨거운 물에 풀어 미역만 넣은 된장국과 배가 고픈 정도에 따라 두부와 계절 채소, 낫토, 식초에 담가 부드럽게 만든 멸치를 적당히 곁들이면 식사 준비 완료다.

 남은 밥은 주먹밥으로 만들어 두면 시간이 지나도 먹기 편하다. 된장국이나 조림용으로 다시마와 표고버섯을 이용해 육수를 내기도 했지만, 생각보다 좋다는 느낌이 없어서 그만두었다.

 하기 싫거나 귀찮은 일을 그만둔 결과가 지금의 식생활이다. 만약 정성스럽게 요리하고 싶은 기분이 들면 건어물을 하룻밤 불려서 국물을 낼 수도 있고, 슬슬 건조시킨 재료를 만들거나 채소 재배를 시작해도 괜찮겠다는 생각이지만, 그것은 인생 후반의 즐거움으로 좀 더 미뤄둘까 싶다.

## 몸의 소리를 듣는다

식생활을 간소하게 하면서 고려한 점은 경제적인 면이 아니라 불편과 불만을 해소하는 일이었다.

식사는 무엇을 중요하게 여기느냐에 따라 음식이 전혀 달라진다. 고기가 먹고 싶은지, 채소를 좋아하는지, 맛있는 음식을 좋아하는지, 가성비를 중시하는지 등 사람마다 식사 스타일이 정말 폭넓다. 따라서 원하는 스타일을 제대로 정해두어야 내가 필요로 하는 식생활을 갖출 수 있다.

이 사실을 실감한 것은 한때 절약에 중점을 두기 위해 빵과 파스타만 먹으면서 하루를 보내다 보니 트러블을 모르던 피부에 뾰루지가 마구 생긴 적이 있었기 때문이다. 문제를 깨닫고서 밀 제품과 과자를 멀리하고, 밥과 된장국으로 식단을 간소하게 바꿨더니 피부 고민이 개선되었다.

이를 계기로 밥과 된장국을 중심으로 한 식생활로 전환했고, 자연스럽게 채소를 먹는 양이 늘었다. 건어물이 편리하고 맛있어서 먹고 싶어졌고, 때로는 단백질도 필요할 것 같아서 생선이나 달걀을 조금 더하는 느낌으로 가고 있다. 자연스럽게 내가 먹고 싶은 재료와 음식 종류가 정해졌다.

지금은 수수께끼의 뾰루지도 거의 출현하지 않게 되었고, 변비도 사라졌으며, 군살도, 붓기도 거의 신경 쓰이지 않을 정도가 되었다.

몸은 정말로 정직하다. 식사가 맞으면 몸도 마음도 좋아진다. 맞지 않으면 분명히 몸에 이상이 오기 마련이다. 그래서 복잡하게 머리로 생각하지 않고, 몸의 목소리에 귀를 기울여 식사를 정하려고 한다.

## 찾을 것이 없는 환경

집의 설비에 별로 신경 쓰지 않고, 물건에 관해서도 무관심해서 이런저런 여건에 구애받지 않게 되었지만, 유일하게 절대로 하고 싶지 않은 일이 있다.

바로 방에서 물건을 찾는 일이다. 물건을 찾는다고 상상하기만 해도 만원 전철을 타는 정도의 스트레스를 느낀다. 쓰고 싶은 물건을 찾지 못해 이리저리 찾아다니는 시간은 정말로 낭비다.

"집 안을 다 뒤졌지만 못 찾아서 포기하고 샀더니 나왔다"라는 이야기를 종종 듣는데, 시간뿐 아니라 돈도 잃는다니 얼마나 무서운 일인가? 그런 시간은 가급적 없어야 삶이 쾌적하다.

집에서 물건을 찾지 않으려고 나는 철저하게 소지품을 늘리지 않고, 물건의 위치를 정해놓으려고 한다. 정리법에서 흔히 보이는 물건을 숨기는 수납도 멋있지만, 따라 하고 싶은 마음은 없다. 실용적인 면을 생각하면 집어넣지 않는 편이 사용하기 편하기 때문이다.

라벨을 만들거나 카테고리별로 구분을 짓는 것이 제대로 된 수납일지도 모르나 애초에 범주를 나눌 정도로 물건 가짓수가 많지 않아서 사용하고 싶은 것을 바로 꺼낼 수 있는 '그냥 놓기' 방식을 취하고 있다.

물건을 수납한 장소를 기억하지 않아도 되고, 언제든지 한눈에 보이기 때문에 공간이 뒤죽박죽되는 일도 없다. 수납법이나 아이템에 집착하기보다 동선이나 두는 방법을 조금 연구하는 것만으로도 생활이 편리해진다.

참고로 '그냥 놓기' 방식의 세 가지 규칙은 다음과 같다.

1. 자주 사용하는 것은 매달아 놓는다.
2. 서랍이나 선반에는 칸막이를 해놓는다.
3. 세트로 사용하는 물건은 가까이 둔다.

이 세 가지 규칙으로 취급하기만 해도 물건 찾는 일을 100퍼센트 박멸할 수 있다.

내가 절대 하고 싶지 않은 일에 완전히 손을 뗀다는 건 굉장한 행복을 준다. 하기 싫거나 귀찮다고 느끼는 일을 시급히 개선하지 않으면 무심코 방치할 수 있다. 그러니 절대 하고 싶지 않은 일을 정해놓고, 바로 개선할 수 있도록 신경 쓰자. 생활의 만족도가 크게 오를 것이다.

"살림을 정돈한다"라고 하면 청소나 정리를 완벽하게 해서 집 안이 반짝반짝 빛나는 이미지를 떠올리는 사람이 많을 텐데, 나는 그렇지 않아도 된다고 생각한다. 좋아하는 분위기나 편안함을 느끼는 공간은 사람마다 완전히 다르기 때문이다.

어질러져 있는 것이 더 편한 사람도 있고, 깔끔한 공간에서 안정감을 찾는 사람도 있다. 생활감이 있으면 싫은 사람도 있고, 안심이 된다는 사람도 있다. 같은 집 안이라도 받는 느낌은 정말 제각기 다르다.

정리나 청소도 나만 만족하면 된다고 여유롭게 생각하고 있다. 나는 청소나 물건 정리를 자주 하는 편이지만, 단순히 방이 깨끗하면 마음이 편안해지고 기분이 밝아지기 때문이다.

오염을 방치하거나 물건을 쌓아두면 나중에 뒤처리하는 데 막대한 에너지가 들어간다. 세세하게 나누어 청소해야 노력이 덜 들고, 낮은 비용으로 끝낼 수 있어 마음이 편하다.

해야 한다고 생각해서 하기 싫은데 억지로 움직이는

것만큼 힘든 일은 없다. 열심히 하고 싶다면 열심히 하는 것이 좋지만, 열심히 하지 않아도 되는 방법을 진지하게 생각해 보면 재미있는 발견을 많이 할 수 있다.

## ( 메인 디시가 있는 공간 )

 1장에서는 집세나 주거 환경 등 돈이 필요 없는 환경에 관해 이야기했다. 여기에서는 정리나 청소 등 집 안을 관리하는 방법에 정리해 보고자 한다.

 지금 사는 집을 고를 때는 '창밖의 자연환경을 바라보면서 컴퓨터 작업이나 독서를 하고 싶어', '다다미가 깔린 방에서 햇볕을 쬐면서 빈둥거리고 싶어'라는 모습만을 떠올렸다.

 집 안의 설비는 전부 덤으로 따라온다는 느낌으로 거의 체크하지 않았다. 채광, 통풍, 집세 등은 집을 고르는 조건으로 중요하지만, 그만큼 그 거주지에서 자신이 무엇을 하고 싶은지도 중요하다.

목적을 정하지 않은 상태로 집을 멋지게 꾸미고 싶고, 요리도 하고 싶고, 욕실이나 화장실도 깨끗했으면 좋겠다고 많은 것을 바라면 결국 전부 어중간해진다. 큰 불만도 없는 대신, 두드러진 만족도 없는 적당한 상태라고 할 수 있다. 마치 다양한 반찬이 칸칸이 들어간 도시락 같은 집은 돈의 힘을 빌리면 실현 가능하다.

하지만 필요 이상으로 조건을 늘리면 지출이 증가하거나 정리와 청소에 시달리게 될 수도 있다. 나는 반찬이 골고루 들어간 도시락 같은 방에 별로 매력을 느끼지 못하기 때문에 내가 끌리는 메인 디시를 먼저 결정하려고 한다.

메인을 한두 개 명확하게 정하기만 해도 돈을 들이지 않고 내가 만족하며 지낼 수 있는 공간을 찾을 수 있다. 메인의 큰 틀만 맞으면 나머지는 살아가는 동안 신경 쓰이지 않는 경우도 많다. 실제로 지금 내 집은 화장실이 좁고, 필요 이상으로 수납공간이 많은데, 살기 시작한 후에는 여기저기 손보고 싶은 마음이 사라졌다.

## 증정용 접시와 고급 접시

예전에 잡지나 SNS에서 볼 수 있는 세련된 라이프 스타일을 동경해서 의식주에 쓸데없이 힘을 주다가 배운 교훈이 있다. 아무리 좋아 보여도 낯선 물건은 사용하지 않는다는 것이다.

멋지긴 한데, 왠지 어깨에 힘이 들어가는 것 같아서 사용하지 않게 되는 상황이 의류에서도, 식사에서도, 주거에서도 매번 같은 패턴으로 일어났다. 지금까지 언급한 의식주 이야기들은 내가 갖기 위해 발버둥 쳤던 세련된 라이프 스타일과 대치해 온 기록이다.

그렇다면 결국 뭐가 좋을까? 오래 생각한 끝에 기분 좋음을 기준으로 삼았다.

- 의: 나의 착용감이 좋다.
- 식: 나의 심신에 좋다.
- 주: 내가 지내기 편하다.

모두 내가 중심이다.

주변에서 종종 "동네 빵 축제에서 받아온 접시를 자주 사용해요"라는 이야기를 듣는다. 모두 이구동성으로 "결국 가장 손이 자주 가더라고요"라고 했다. 단순히 "빵 축제에서 받은 접시가 사용하기 편해서 마음에 들어요"라고 하면 될 텐데, 아무래도 사람들 사이에는 마음에 든다고 말하려면 저렴하기보단 멋있어야 한다는 인식이 있는 것 같다.

그것은 마음의 소리를 무시하는 일이 아닐까 싶다. 의식주의 만족도는 이렇게 '왠지 마음에 든다'는 것이 가장 중요한데, 이 사실을 부정하는 부드러운 압박에 방해받는다.

예를 들어 조금 무리해서 구매한 북유럽제 접시와 스스럼없이 사용할 수 있는 빵 축제의 증정용 접시 중에서 한쪽만 수중에 남긴다면 어느 쪽을 선택하겠는가? 선택지로 보면 다음과 같을 것이다.

- **선택지 1**. 조금 무리해서 구매한 북유럽제 접시에 맞춰 어울리는 생활을 한다.
- **선택지 2**. 나에게 익숙하지 않다면 조금 무리해서 구매한 북유럽제 접시를 처분한다.

많은 사람이 선택지 1을 선택하지 않을까? 언제부터인가 '북유럽제 = 멋있음, 빵 축제용 접시 = 멋없음'이라는 발상이 당연해지고 있기 때문이다.

선택지 1은 확실히 멋진 생활에 가까워질 것 같지만, 접시 하나만 바꾼다고 과연 끝날까? 분명히 식기 세트를 교체하고 싶은 욕구가 싹트고, 커피를 내리는 기기에도 눈이 가기 시작하며, 가구나 커튼도 교체하고 싶어진다. 많은 돈을 쓰고 나서야 내가 무엇을 하고 싶었는지 잊어버린 상태가 된다. 소 잃고 외양간 고치는 격이다.

이 사례가 조금 과장된 이야기일 수도 있으나 저소비 생활에서는 선택지 2를 권장한다. 그 쪽이 심적으로 만족할 수 있으며, 모든 것이 원만히 수습된다고 진심으로 생각한다.

마음이 편한 방향과 반대로 '빵 축제에서 받은 접시를 처분하는 게 좋지 않을까?'라고 생각하려 하니 힘들어지는 것이 아닐까? 자기도 모르는 사이에 멋있어 보여야 한다는 압박을 받고 있음을 깨닫는다면 무리하게 맞추지 말고 가볍게 흘려버리는 정도가 딱 좋다.

## ( 마음 편한 것을 소중히 한다 )

 다른 물건을 사용해도 결국 같은 물건으로 돌아온다면 애착이 있다는 뜻이다. 애착이 있으므로 마음이 편해서 항상 사용한다. 익숙하다고 말할 수도 있다. 사람은 아무리 의식주를 바꿔도 익숙한 것으로 돌아간다. 익숙함이란 자신에게 자연스러운 상태다.
 하지만 의식주를 갖추려고 할 때 사람들은 자신에게 익숙한 것을 고르려고 하기보다 점점 멀어지고 싶어 한다.
 입어본 적이 없는 유행하는 디자인의 옷을 선택하거

나 고기를 매우 좋아하는데 갑자기 식생활을 채식 중심으로 바꾸거나 지금까지 살아본 적 없는 조건의 집을 고르기도 한다. 그러면 본래 마음이 편했던 기준점에서 점점 어긋난다. 그러다가 어느 날 '이게 아닌데'라고 깨닫고, 다시 바꾸고 싶어질 수도 있다.

나에게 익숙한 것, 애착이 있는 것을 소중히 여기고, 싫어하거나 부정하지 않으며 긍정적으로 받아들이면 의식주도 자연스레 자신에게 맞는 형태로 정돈된다. 나에게 편안한 옷차림, 밥과 된장국으로 차리는 식사, 편안하게 쉴 수 있는 집은 무엇과도 바꿀 수 없다.

어딘가에서 들려오는 "이것이 옳다"라는 기준에 나의 의식주 환경을 맞추는 것이 '정돈된다'의 의미는 아닐 것이다.


자신의 만족이 세간의 기준과는 다른 곳에 있다는 사실을 알고 있는 사람은 주위의 영향에 흔들리지 않으므로 생활의 만족도가 오른다. 무엇이 어떻든 마음에 편한 쪽을 의식주의 기본으로 하면 생활 전체 비용이 자연스럽게 낮아진다. 나는 이를 확실히 실감하고 있다.

　많은 물건에 둘러싸인 삶이나 소비에 정성을 다하는 생활을 동경하는 마음은 나도 거쳐왔기 때문에 잘 알고 있다. 하지만 그것은 분명히 머릿속의 목소리다. '버리고 싶다', '바꾸고 싶다'라며 지금의 생활에서 벗어나고 싶을 때는 물건의 사양이 아니라 마음에서 들려오는 목소리에 귀를 기울여야 한다. 그래야 진짜 원하는 바를 알 수 있다. 마음의 소리를 소중히 여겨야 자연스레 평온한 생활을 할 수 있다.

　그것은 돈을 들여 물건을 갖추는 일도 아니고, 불필요한 물품을 처분하는 일도 아니며, 진정으로 좋은 느낌을 발견하는 데서 시작된다. 그 감각은 마음속에 작은 꽃이 피어나는 듯한 안정감을 준다. 그렇게 '좋다'라는 감각을 일상에서 좀 더 의식해 보면 그 편안함이 큰 꽃으로 자라날 것이다.

> 저소비 상담실

## Q. 가지고 있는 옷은 얼마나 되나요?

**A.** 가진 옷의 개수부터 이야기하자면, 지금 세어보니 상의가 아우터 포함 다섯 벌, 하의는 네 벌, 원피스가 한 벌 있다. 이 안에는 실내복과 잠옷도 포함되어 있다.

실내복이나 잠옷을 입고 밖에도 나가는 것인지, 밖에서 입는 옷을 집에서도 입는 것인지 경계가 점점 불명확해지고 있다. 하지만 나는 옷을 고르는 것이 귀찮아서 일 년 내내 반팔, 반바지로 지내고 싶은 꿈이 있다. 살면서 언젠가는 사계절이 없는 나라에서 장기간 지내보고 싶다.

## Q. 언젠가 필요할지도 몰라서 못 버릴 땐 어떻게 해야 할까요?

**A.** 나는 취미로 주식을 하는데, '내일 주가가 폭등하면 어쩌지?', '내가 사면 주가가 내려갈 거야'라는 생각이 떠올라 쉽게 결단을 내리지 못하는 경우가 있다.

왜 그러는지 자체적으로 분석해 봤더니 애초에 매매할 때 시뮬레이션이 제대로 되어 있지 않기 때문이었다. 게다가 생각도 부족하고, 공부도 부족했던 탓이었다.

물건을 정리하는 일도 꽤 비슷하다. 처분을 할지 말지 고민하는 이유는 시뮬레이션 부족, 생각 부족, 공부 부족이라는 세 가지 부족이지 않을까?

그런데 의외로 버리지 않아도 되는 것을 굳이 버리려고 하는 사람도 많다. 억지로 버리려는 생각을 내려놓고 가진 것을 잘 쓰는 것도 중요하다. 그러면 의외로 문제가 해결되는 느낌이 들기도 하는데, 어떤가?

# 제3장

---

# 생각과
# 습관을
# 정리한다

---

## 부드럽게 들어오는 압박

우리 주위에는 편리해 보이는 서비스나 좋아 보이는 물건이 넘쳐난다. 하지만 어떤 것이 우리에게 정말 도움이 될까? 0장에 쓴 것처럼 예전의 나는 판단할 때 지나치게 주변 상황을 의식해서 오히려 내가 무엇을 하고 싶은지 잘 몰랐다.

"이걸 쓰면 예뻐집니다."
"이걸 입으면 멋지게 보일 거예요."
"이것을 두면 집 안이 환해집니다."

세상에 편리하고 매력적인 상품이 많은 것은 알겠으

나, 외부에서 오는 제안을 과하게 흡수하면 정작 자신이 어떻게 하고 싶은지는 영영 알 수 없다.

외부에서 '좋아진다'고 하는 것을 계속 받아들이면 어떻게 될까? 집에는 물건이 넘치고, 가진 돈은 줄어든다. 삶에 충실한 생활을 목표로 했지만, 바라지도 않던 슬픈 결과가 기다리고 있다.

그것은 마치 "당신을 위해서"라고 말하면서 강요하는 부드러운 압박과 같다. 분명 나에게 해가 된다고 생각하면 바로 거절할 수 있지만, '한번 사볼까?'라고 주저하기 시작하면 점점 스스로를 잃게 된다.

물건만이 아니라 주위 인간관계에서도 '좋아진다'는 말의 영향을 받을 수 있다. 만약 마음에 드는 옷을 입고 있을 때 친구가 "다른 옷이 더 잘 어울려"라고 조언한다면 어떤 느낌이 들까?

조언이 도움이 된다고 생각하면 감사히 받아들이겠지만, 내 마음에 드는 옷을 부정당한 것처럼 느끼거나 감각을 인정받지 못한 것 같아서 씁쓸해질 수도 있다.

그럴 때도 "고마워. 하지만 나는 이 옷이 마음에 들어서"라고 밝게 대답할 수 있으면 다행이다. 다만 자신감 없이 주저하게 된다면, 남들이 좋다고 말하는 것들을 너무 많이 귀담아들어서 자기의 모습을 잃을 수도 있다. 나는 과거에 이런 일을 많이 경험했다.

특히 일은 열심히 하는데 돈은 모이지 않을 때가 이렇게 제 모습을 잃고 있던 시기였다. 내 마음에 들면 그것이 제일이라는 사실을 알지 못했다.

사회나 주변에서 '좋아진다'고 말하는 쪽을 따라야 한다고 생각했을 때의 나는 '좋아진다'를 제멋대로 '해야 한다'로 바꿔서 들었다. 요리해야 한다, 멋을 내야 한다, 커리어를 향상해야 한다는 식으로 '해야 한다'는 압박에 짓눌려서 과로하고 있었고, 불필요한 소비까지 해서 힘들었던 기억이 난다.

하지만 그것도 전부 내가 멋대로 믿고 있을 뿐이었다. 사실 세상은 더 넓고, 훨씬 많은 선택지가 있었다. 그리고 좋아진다고 강요하는 듯했던 세상 사람들도 사실은 깊이 생각해서 하는 말이 아니었기 때문에 진심으로 받아들일 필요도 없었다.

내 머릿속의 시뮬레이션보다 세상은 더욱 경쾌하고, 자유롭고, 훨씬 넓다는 것을 알고 나니 나와 내 주변에서 일어나는 일들을 여유롭게 바라보게 되었다.

우리가 몸담고 있는 세상의 정보는 내가 어떻게 생각하는가보다 어떤 것이 정답인지, 어느 쪽이 더 멋있는지를 제시하는 경우가 많다. 그것에 지나치게 끌려다니면 어느새 '지금 이대로는 안 될 것 같은데'라는 생각으로 흘러간다.

생각을 내려놓는다는 것은 정말 말로만 쉬운 일이다. 그렇지만 포기하지 않고 '자신이 좋아하는 것'을 끈질기게 탐구한다면 문득 깨달음이 찾아올 것이다.

## 스스로 선택하고 스스로 결정한다

회사 일을 계기로 시작한 SNS에서 배운 점이 있다. 다들 알다시피 인터넷 세상은 자유롭다. 흥미가 있는 내용을 SNS나 블로그에 올리면 관심사가 비슷한 사람이나 일과 연결될 수 있다. 직장이나 주거지로 정해지는 인간관계처럼 이미 정해진 관계성이 아니라 스스로 정보를 알리고 처음부터 만들어 가는 인터넷 세계가 매우 자유롭고 흥미로웠다.

동시에 누군가에게 보이고 싶다는 마음으로 직접 찍은 사진이나 일상의 생각을 SNS에 올리면서 지금까지 "스스로 선택했다"라고 말할 수 있는 것이 거의 없었음을 깨달았다.

이전까지는 일을 한다고 해도 그냥 내가 맡았기에, 회사 일이라서, 다른 사람에게 소개받았다는 이유로 열정적으로 하지 않았다. 그저 흐름에 따라 움직였고, 그것은 회사원 시절이든 프리랜서 시절이든 변함없었다.

나에게는 스스로 생각하고 결정한다는 경험이 매우 부족했기에 언제나 수동적이던 자세를 바로잡을 시기가 왔다는 느낌이 들었다. SNS를 통해서 살아가는 환경이나 교류하는 사람을 스스로 선택하는 체험을 쌓아간 것도 지금의 생활을 결정하게 해준 계기가 되었다.

내 마음을 편하게 해주는 것이 무엇인지 몰라서 막연히 지내왔지만, 나이를 먹을 때마다 조금씩 나에게 맞는 것을 선별하는 능력이 생겼다는 수확도 있다. 자신에게 맞는 것을 선택하는 데 능숙해지면 알맞은 환경에서 살아갈 수 있어 일상생활이 편안해진다.

그러자 부담 없이 만나는 인간관계가 생겼고, 일도 적당히 성과를 낼 수 있어 자신감이 생겼다. 자신감이 붙은 덕분에 "지금이라면 전과 다른 일을 할 수 있을 것 같아"라고 결정할 수 있었다. 그래서 몇 년은 버틸 수 있는 적금을 믿고 일을 관둔 뒤 당시 흥미가 있던 온라인 업무를 시작해 현재의 생활에 이르렀다.

나에게 부족했던 것은 소비가 아니라 나 자신을 믿는 신뢰감이었을지도 모른다. 내 성격이나 취향 같은 본질은 예전부터 크게 달라지지 않았다. 그러다 보니 세간의 이상향을 무리해서 좇기보다는 나에게 맞는 환경에서 지내는 게 훨씬 중요하고, 맞지 않는 곳은 빨리 떠나는 편이 낫다는 사실을 진심으로 깨닫게 되었다.

"어떤 사소한 일이라도 스스로 선택하고, 스스로 결정한다."

내 생활에 이전과 다른 변화가 찾아온 것도 이에 유의하며 하루하루를 보냈기 때문이다. 그러면 자연스럽게 불필요한 지출이 줄어든다.

나는 항상 나를 둘러싼 환경이 바뀔 때마다 이상적인 내 모습이 바뀌어 흔들림을 주체할 수 없었다. 원하는 이상이 확고한 사람은 멋있다. 하지만 내 이상은 늘 지금의 내가 아닌 다른 내가 되고 싶은 것이었다.

현실의 나를 의식하면 초조했기 때문에 내면의 공허를 느끼고 싶지 않아서 새로운 물건이나 인간관계에 돈을 쓰며 외적인 부분에서 나를 만들어 가고자 했을지도 모르겠다.

희뿌옇고 형체가 없는 상태였던 나는 스스로 선택하고, 스스로 결정하려고 노력하면서부터 안개가 점점 걷히듯 서서히 '지금의 나도 좋다'라고 생각하게 되었다. 머릿속이 맑아지고, 답답했던 마음이 풀리면서 생활도 내면도 안정되어 갔다.

## 조직에 소속되어 있어야 한다는 환상

나는 긴 시간 동안 고집스럽게 '일=직장'이라고 믿었다. 회사에 익숙하지 않은 내가 사회 부적응자라는 생각이 들자 일하기가 싫어졌다. 그런데 무직이었던 때 지인에게 의뢰받아 예기치 않게 프리랜서 작가로서 일하기 시작하니, 혼자 일하는 것이 적성에 맞는다는 것을 깨달았다. 갑자기 새로운 세상이 열린 듯 마음이 한결 가벼워졌다.

직장인처럼 월급이 나오지 않는 생활이라 경제적인 불안은 있었지만, 직장의 인간관계나 기분 전환을 위한 불필요한 지출이 줄어들어 오히려 경제적으로 더 자유로워졌다. 그리고 귀찮은 일에서 벗어나자, 비로소 '나는 무엇을 하고 싶은가?'라는 근본적인 물음으로 되돌아올 수 있었다.

혼자 묵묵히 원고를 쓰다 보니 내가 어떤 삶을 살아야 행복할지 어렴풋이 보이기 시작해서 조금 안심이 되었다. 길 때는 하루 15시간 정도 앉아서 원고를 쓰기도 했는데, 고통스럽지 않았고 오히려 한 가지 일에 집중할 수 있어서 편안했다.

당시는 지금만큼 재택근무가 보편화되지 않아서 집에서 일한다고는 상상도 못 했는데, 매일 아침 전철로 출퇴근하거나 화장을 하고 업무용 옷으로 갈아입는 세세한 과정을 아예 하지 않아도 되니 마음의 부담이 90퍼센트 이상 줄었다.

어딘가에 근무하지 않아도 된다는 새로운 업무 방식의 선택지가 나에게 주어지자, 조직에 소속되어 있지 않으면 거리에 나앉을 것이라는 기존의 고정관념이 순식간에 뒤집혔다.

지금도 프리랜서로 일하면서 거주 지역에 얽매이지 않기 때문에 자연환경이 풍부한 지방에 살다가 도시로 돌아가기도 한다. 나름 인생의 이른 시점에서 주거 장소를 자유롭게 정할 수 있다는 것은 참으로 다행이라는 생각이 든다.

수입이 불안정할지라도 사회인으로서 시간과 고정된 거주지에서 해방된다는 경험은 상당히 귀하다. 저소비 생활은 소득에 적게 구애받으며 다양한 업무 방식에 도전하게 해준다는 점에서도 추천할 만하다.

## 자기 자신을 능숙하게 칭찬한다

저소비 생활을 보내며 깨달은 것들 중에서도 특히 말하고 싶은 것은 자신감의 중요성이다. 예전의 나는 자신감이 없었기 때문에 아무리 옷이나 물건에 돈을 써도 만족할 수 없었다.

일반적으로 자신감을 북돋는 방법이라 하면 무엇이 있을까? "달성하기 조금 어려운 목표를 달성하면 자신감이 붙는다"라며 자격증 시험을 공부하거나 저축을 하면서 힘을 얻는 사람도 많을 것이다.

그것도 한 방법이다. 나는 자신감을 기르기 위해서는 작은 목표의 축적이 중요하다고 생각하며 살고 있다. 큰 목표보다 작은 목표가 달성하기도 쉽고, 성취감도 있으므로 나에게는 굉장히 효과적이다.

평소 잘 보이지 않는 부분에도 자신감을 쌓아 올리기 위한 '작은 재료'가 흩어져 있다. 하지만 많은 사람이 당연히 할 수 있다고 생각하거나 해야 할 작업이라고 인식하고 있어서 놓치는 부분이 많다.

스스로 자신감을 기른다는 것을 의식하기 시작한 뒤로는 어떤 작은 일이라도 해내면 일일이 칭찬한다. 그러자 마음이 안정을 되찾으면서 자신감이 바닥인 상태는 거의 없어졌다. 일일이 칭찬하기가 얼마나 사소한 수준인지 소개하겠다.

- 아침 일찍 일어나서 "잘했어."
- 청소를 해서 "훌륭해."
- 잊지 않고 쓰레기를 버려서 "대단해."
- 오늘도 무사히 하루를 보내서 "다행이야."

이렇게 써보니 상당히 세부적이다. 하지만 내 머릿속,

마음속에서는 항상 이런 말이 자동으로 둥실둥실 떠오른다. 처음에는 일부러 의식하면서 불편하게 시작했지만, 지금은 숨 쉬듯이 자연스러워졌다.

"다 평소에 그냥 하는 일들이잖아"라고 할 수도 있지만, 과연 그럴까? 아침에 일찍 일어날 수 없을 때도 있고, 청소를 하지 못하는 날도 있다. 쓰레기 버리는 날을 잊을 때도 있고, 계획대로 일이 진행되지 않을 때도 있다. 천재지변, 질병, 부상의 문제를 생각하면 하루가 무사히 끝나지 않을 수도 있다.

하지만 우리는 저도 모르게 조건을 붙여서 자신감을 채우거나 칭찬하는 경우가 많다.

- '예정된 시간에' 일어나서 "잘했어."
- '먼지 하나 없이' 청소를 해서 "훌륭해."
- '매일' 잊지 않고 쓰레기를 버려서 "대단해."
- '예정에서 벗어나는 일 하나 없이' 오늘도 무사히 하루를 보내서 "다행이야."

어떤가? 처음 소개한 내용에 가볍게 조건을 붙였을 뿐인데 인상이 바뀌었을 것이다.

이런 조건을 붙일 때마다 자신감이 생길 기회를 일부러 없앤다는 느낌이다. 조건을 어렵게 하려면 끝이 없다. 확실히 달성할 수 있다면 대단한 일이지만, 그렇게 해서 얻는 기분은 내가 전하고 싶은 자신감과는 조금 종류가 다르다. 조건을 어렵게 하는 대신 나는 칭찬에 더 힘을 싣는다.

- 아침 일찍 일어나서 '정말' "잘했어."
- 청소를 해서 '1년 전의 나는 생각할 수 없을 정도로' "훌륭해."
- 까먹지 않고 쓰레기를 내다 버려서 '몰라볼 정도로' "대단해."
- 오늘도 무사히 하루를 보내서 '마음이 따뜻해질 정도로' "다행이야."

단순히 "해내서 다행이다"에서 한 걸음 더 나아간다.

나는 어렵게 설정한 목표를 피나는 노력으로 달성하기보다 이런 쪽이 가벼워서 좋다.

꾸준한 칭찬은 나의 내면을 어떻게 변화시킬까? 내면에서 '대단하다'고 느끼는 마음은 어떻게 성장할까? 그곳에서 일어나는 변화를 즐기는 것이 자신감을 길러준다고 믿는다.

## 자신감을 북돋는 방법

칭찬을 습관적으로 하지 않으면 처음에는 어려울 수 있다. 좋은 칭찬이 떠오르지 않는다면 다음과 같이 나열해 보면 알기 쉽다. 나 자신에게 말을 건다면 어느 쪽이 기분 좋을까?

A. 계획대로 일이 진행되어 "잘하고 있어."
B. 회사의 매출에 기여할 정도로 계획대로 일이 진행되어 "잘하고 있어."

상황에 따라 다르겠지만 '지금의 나'를 기준으로 선택하는 것이 요령이다. B도 대단하지만, A가 좋다고 생각할 때는 A여도 상관없다.

그런데 성실하게 노력하는 사람일수록 A여도 충분하건만, B만큼 잘하는 상황이 아니라고 스스로 부족하다며 일부러 훨씬 자신에게 엄격한 생각을 선택하기도 한다. 이런 사고에 빠지면 언제라도 쉽게 자신감을 잃을 수 있고, 자신을 더욱 압박하게 된다. 아무리 따라잡으려 해도 따라잡을 수 없는 신기루를 좇는 끝없는 지옥이 펼쳐진다. 이러면 아무리 노력해도 자신감이 부족한 '자신감 상실' 상태가 된다.

자신을 압박하지 않기 위해 조건을 붙이지 않고 그저 대단하다는 감각을 깊이 받아들이는 방향으로 조정할 필요가 있다.

지금 나는 설령 계획대로 일이 진행되고 있지 않아도 "한 발짝이라도 나아갔으니 잘하고 있어", "컴퓨터를 켰으니까 대단해"라는 식으로 매우 여유 있게 생각한다.

그러면 이상하게도 무거웠던 마음이 '그럼 해볼까?' 하고 가벼워져서 그 후의 행동이 순조로울 때가 많다.

대단하다고 그저 칭찬하는 것도 한 방법이지만, 표현이 단조로워질 수 있으니 더 다양하게 나타낼 만한 단어를 미리 준비해 두는 것도 포인트다.

참고로 내가 자주 사용하는 방법은 '그럼에도'를 붙여서 생각해 보는 것이다. 이 원고도 '쓰기 시작할 때는 내키지 않았는데, 그럼에도 이렇게까지 쓰다니 나는 정말 천재야'라는 마음으로 집필하고 있다. 자신의 노고를 치하하는 것이 목적이기 때문에 '남들이 들으면 어이 없겠지'라는 생각은 살짝 접어둔다.

'그럼에도'는 바로 사용할 수 있는 데다가 자신감과 용기를 북돋기 때문에 추천하는 표현이다. 한 걸음 나아가는 것이 큰 걸음으로 이어진다는 사실을 잊지 말자.

"…그럼에도 정말 잘하고 있어. 나도, 너도."

자신감의 싹이 느껴진다면 좋겠다.

## 스마트폰과 내면을 정기적으로 확인한다

나는 한 달에 한두 번 정도 스마트폰의 내용물을 정리한다. 불필요한 앱이나 메모를 위해 찍은 스크린샷 등 모르는 사이에 많은 것이 쌓여 있기 때문이다. 그 과정을 대략적으로 이야기해 보겠다.

### 사진 폴더

한 장씩 보면서 지금 도움이 되는 것, 남겨 두고 싶은 것만 남긴다. 완전히 기억에서 사라졌던 이미지가 발굴되면 삭제한다.

### 메모 앱

아직 실행하지 못한 사항은 행동으로 옮긴다. 제대로 생각을 정리해 두고 싶은 메모는 다른 툴(종이 노트 등)에 정리한다. 확실히 불필요한 메모나 실행이 끝난 내용은 삭제한다.

**각종 앱**

사용하기 쉬운 순서로, 폴더를 만들거나 정렬 순서를 바꾼다. 더 이상 사용하지 않는 앱은 삭제한다.

이렇게 정리하면 마치 자신의 과거를 정리하는 듯한 기분이 든다. '그러고 보니 이 시기에는 이런 생각을 했었지'라고 가볍게 되돌아볼 기회도 된다. 그러면 지금 안고 있는 고민이나 불안도 정리하면서 좁아진 시야를 넓힐 수도 있다.

스마트폰만이 아니라 무엇이든 문제없이 계속 사용하려면 세심한 관리가 필요하다. 그래서 내가 하는 일들도 스마트폰의 정리 작업처럼 싫은 일, 안 맞는 일, 이제 필요 없는 일을 쌓아놓고 있지 않은지 정기적으로 관리하려고 한다.

분명 우리 내면에도 이렇게 사용하지 않는 앱 같은 존재가 있어서 그것이 지나치게 쌓이면 스트레스를 느낄 것이다. 하지만 내면은 앱처럼 눈에 보이지 않기 때문에 해결을 미루게 된다. 방치하면 점점 축적되므로 대처하기가 힘들어진다. 따라서 아직 스트레스가 깊지 않은 시기에 자주 재점검하는 편이 이롭다.

저소비 생활을 하기 전에는 내면에 쌓인 불필요한 앱, 즉 스트레스에서 일시적으로 벗어나고 싶어서 쇼핑을 나가거나 외식을 하거나 1박 2일로 여행을 떠나 앱을 삭제한 듯한 기분을 느끼기도 했다.

열 번에 한 번 정도는 성공하기도 했지만, 나머지 아홉 번은 왠지 모르게 현실 도피가 됐을 뿐 근본적인 해결로 이어지지는 않았다.

내면에 있는 스트레스는 스마트폰 앱과는 달리 바로 지울 수 없다. 쉽게 사라지지 않거나 삭제해도 부활하는 것처럼 만만치 않은 상대도 있는데, 그럼에도 정기적으로 마주해 보면 자연스럽게 사라져 간다. 제대로 사라질 수 있도록 꾸준히 점검과 정리를 해나가면 내면의 메모리를 압박하지 않고, 큰 트러블도 일어나지 않을 것이라고 믿는다.

## 고집은 취급주의

저소비 생활을 하면서 취급에 주의를 기울이고 있는 것이 바로 집착이다. 집착은 상당히 까다로운 존재다. 잘 사용하면 저비용으로, 만족스러운 고퀄리티로 마무리할 수 있지만, 잘못 사용하면 낭비를 증폭시키기 때문에 나에게는 위험하다.

사람에 따라서는 집착이 지나친 만큼, 건강하고 충실한 저소비 생활을 보내지 못하는 경우도 분명히 있을 것이다. 그렇다면 집착이 나쁜 모습으로 나타나는 예를 살펴보자.

- 포인트를 모으기 위해 부지런히 쇼핑을 한다.
- 칫솔에는 돈을 들이는데 치과 검진에는 인색하다.
- 기호품인 차나 과자에는 돈을 들이는데, 평소 식사는 적당히 때운다.

집착은 사람마다 제각각이고 나에게도 무수히 있다.

남이 이래라저래라할 문제가 아니라는 점을 우선 전제로 하고 싶다. 자기 돈을 어떻게 쓰든, 어떤 생활을 보내든 모두 자유이기 때문이다.

여기에서 강조하고 싶은 것은 집착을 다루는 방식이다. 앞의 예로 보자면 포인트, 칫솔, 기호품이 집착의 포인트다. 집착에 매달리다가 전체적으로 손해가 많아진 경우다. 이래서는 사태가 좋아지기는커녕 움직이면 움직일수록 지출이 늘어나거나 컨디션이 악화될 가능성도 있다.

다양한 문제가 집착에서 발생하는 경우도 있다. 집착을 내려놓기 위해서는 그것이 좋지 않음을 깨닫고 객관적인 사실을 바탕으로 판단해야 한다.

그러나 기호품을 삼가고, 고기나 생선, 과일이나 채소를 섭취해야 건강하다는 원론적인 이야기는 이미 누구나 알고 있다. 관두는 게 말처럼 쉬운 일은 아닐 것이다. 이어서 다음 내용을 살펴보자.

## 일단 좋아하는 일을 한다

내가 집착을 내려놓을 때 유의하는 점은 일단 하고 싶고, 좋아하는 일을 하는 것이다. 나는 읽고 싶은 책을 읽거나 음악을 듣거나 산책할 때가 많다. 이렇게 좋아하는 일을 한 후에는 충전이 된 것처럼 기운이 난다.

이렇게 내면이 채워져 있으면 그 덕분인지 집착하는 마음이 줄어들어 내려놓기가 쉬워진다. 집착하는 대상에 집착하고 있을 때일수록 자신이 원래 좋아하던 일이나 만족하는 부분을 완전히 잊고 있는 경우가 많다. 집착이 계속되면 점점 상황이 나빠지는 선택지를 고르게 되어 그것이 문제를 만들기도 한다.

조금 전에 언급한 기호품에 대한 집착을 내려놓고 싶다면, 일단 당장 가능하면서 좋아하는 일을 해보자. 그러면 만족감도 오르고 기분도 안정된다. 우선 쉽게 할 수 있는 다른 좋아하는 일을 해보면 '내가 왜 거기에 그렇게 집착했을까?'라며 냉정을 되찾아 자연스럽게 집착에서 벗어날 수 있다.

어쩌면 좋아하는 일, 하고 싶은 일을 잊어버린 채 지내기 때문에 이상할 정도로 집착에 매달리고 있는지도 모른다.

지금 하고 싶은 일, 좋아하는 일을 하는 것은 문제 속에서 본래 자신의 모습을 찾아가는 가이드라인이라고 할 수 있다. 무작정 애쓰기보다 조금 쉬거나 산책하면서 긴장을 풀어보면 집착도 희미해진다. 그러면 생각지도 못한 문제의 원인을 찾아서 깨끗이 해결할 수도 있다.

## 일이 잘 풀리지 않을 때는 멈춰본다

살다 보면 어쩐지 잘 안 되는 일이 많든 적든 있기 마련이다. 열심히 하고 있는데 잘 풀리지 않는다. 매번 비슷한 문제에 휘말려 매일이 싫어진다. 나는 그럴 때 너무 무모하게 앞으로 나아가려 하지 않고 쉬려 한다. 조금이라도 멈춰보면 시야가 넓어지고, 문제의 원인도 보인다고 생각하기 때문이다.

예전에 답답한 일이 있어 고민하고 있을 때 어떤 깨달음을 얻고 마음이 편해진 적이 있다.

어느 날 평소처럼 장을 보고 걸어 돌아오는 길이었다. 길가의 도랑에 많은 양의 가랑잎이 쌓여 있는 것을 발견했다. 위치를 보아 조만간 비가 오면 막힐 것 같았다. 처음에는 '이렇게 가랑잎이 쌓여 있으면 다음에 폭우가 올 때 물이 넘칠 텐데'라고 멍하니 보고 있었는데, 그러는 동안 '내가 고민하는 일도 저렇게 쌓인 가랑잎 뭉치처럼 사실 하나의 이유 때문은 아닐까?'라는 생각이 들며 내 상황과 겹쳐 보였다.

그러자 가슴속 답답함의 원인이 무엇인지 자각할 수 있었고, 신기하게도 마음이 진정되었다.

세상에는 논리로 설명할 수 없는 일이 많은데, 관점을 바꿔보면 의외로 해결의 실마리가 등잔 밑에 있기도 하다. 좀 전의 도랑 이야기로 보자면 일이 잘되지 않을 때는 가랑잎이 더 이상 떨어지지 않게 하겠다거나 비가 내리지 않게 하겠다는 식으로 무리한 해결을 바라게 된다. 하지만 내가 바꿀 수 없는 비현실적인 문제는 어쩔 도리가 없다. 평소의 움직임을 잠시 멈춰보고, 문제가 발생하기 쉬운 부분을 스스로 신경 써두는 게 가장 확실한 해결 수단일 것이다.

무엇을 어떻게 하든 가랑잎은 떨어지고 비는 내린다. 머릿속이나 마음속은 보이지 않는 만큼 단순하게 해결할 수 없다. 문제가 있다고 느끼면 일단 멈추고 마음의 응어리가 어디에 있는지, 잘 막히기 쉬운 곳이 어디인지 평소에 찾아두면 어떨까?

## 나의 감각에 집중한다

관심이 있거나 좋아하는 것을 만났을 때는 기분이 밝아지고 몸이 가벼운 느낌, 혹은 체온이 조금 오르는 감각이 든다. 마음에 드는 물건을 봤을 때 '한눈에 반했다'

는 표현을 쓰는 경우가 있는데, 그와 비슷하다. 좋아하는 것을 보거나 만졌을 때 기분이 어두워지거나 몸이 무겁고 차가워지는 일은 없을 것이다.

일상생활과 관련된 일을 생각할 때도 이것저것 머릿속으로 재고 따지며 고민하기보다는 설렘을 포착하는 습관을 들여야 내 마음에 가닿는 올바른 해답에 쉽게 다가갈 수 있다.

여러분은 카페에서 자리를 어떻게 선택하는가? 분명 각자 원하는 장소를 골라서 앉을 것이다. 항상 구석을 좋아하는 사람, 창문 근처를 선호하는 사람, 혼자여도 4인석에 앉는 사람 등 대개 자신의 목적에 맞는 자리를 선택한다.

매장 안이 비어 있는데 추운 날에 일부러 테라스에 나가서 앉는 사람은 없을 것이고, 가장자리에 자리가 많은데 가운데 놓인 큰 테이블에 덩그러니 혼자 앉는 사람도 많지 않을 것이다. 다들 자연스럽게 마음이 차분해지는 좋은 느낌의 자리를 택한다.

나는 이것이 감각을 소중히 하는 행동이라고 본다. 그

자리를 선택했을 때 마음이 안정될 거라고 감각적으로 판단한 것이 아닐까?

  물건이나 생활에 관련되는 부분에서는 감각을 소홀히 하고 이론이나 평판으로 선택하는 경우가 아무래도 많아진다. 생활이나 주변의 물품, 환경 등이 잘 맞지 않거나 마음에 들지 않을 때는 혹시 감각을 무시하고서 판단하고 있는지도 모른다.

  카페의 자리 선택은 대다수가 '만약 카페에 자리가 꽉 차면 어떡하지?'라며 앞을 깊게 내다보지 않고, '그때가 오면 그때 결정하면 되지'라고 생각한다. 생활도 카페 자리 고르기처럼 나에게 안정감을 주는 것을 선택하면 어긋나거나 실패하지 않는다.

  나에게 삶을 꾸리는 일은 카페에서 자리를 선택하는 일과 비슷하다. 스스로 마음의 편안함을 만들거나 선택하는 것이다.

## 한눈에 알 수 있는 것

나에게 무엇이 적합하고, 내가 무엇을 좋아하는지는 사실 한눈에 알 수 있다.

오늘 먹고 싶은 음식
오늘 집에서 하고 싶은 일
오늘 가고 싶은 곳

머리로 생각하지 않고 '이것이 좋다'라고 확실히 떠오르는 쪽일수록 행동에 옮겼을 때 만족감이 크다. 반대로 내 생각이나 감각과 어긋나는 일을 하면 꽉 막힌 기분이 든다. 예를 들어 점심에 이런 선택지가 있다고 하자.

햄버그스테이크 정식 1만 원
생선조림 정식 8,000원

사실은 분명히 햄버그스테이크 정식을 먹고 싶은데,

2,000원을 아끼고자 생선조림 정식을 선택했다고 하자. 평소에는 잘 택하지 않지만 생선조림 정식도 괜찮다고 만족하면 더할 나위 없겠으나, 사람의 마음은 그리 단순하지 않다.

대부분 오늘 햄버그스테이크 정식이 먹고 싶으면 이미 입안에서 햄버그스테이크를 잔뜩 기대하고 있다. 생선조림을 한입 먹고, '역시 햄버그스테이크로 할걸'이라고 굉장히 후회할 수도 있다. 그러면 처음부터 햄버그스테이크 정식을 선택하는 것이 조금 비싸더라도 확실한 만족감을 얻는 방법이다. 햄버그스테이크 정식이 좋다고 생각하면 처음부터 그대로 행동해야 나중에 궤도 수정 없이 만족스러운 결말이 나온다.

불필요한 집념의 원인을 만들지 않아야 저소비 생활이 원활해진다. 그 외에도 사고방식은 여러 가지가 있지만, 자신의 만족감이 증가하는 선택지를 자유자재로 생각해 낸다면 저소비와 만족감을 전부 실현할 수 있다.

그러면 결핍되었다는 느낌에서도, '절약=인내'라는 생각에서도 벗어날 수 있으며, 그만큼 소비하지 않아도 충분히 만족할 수 있는 선택지를 고를 수 있다. 저소비 생활과 절약을 우선하는 결핍된 세계관은 이런 점에서 다를 수 있다. 저소비로도 만족스러운 생활을 위해 '이쪽이 좋다'라고 느껴지는 감각을 소중히 여기자.

나는 일상생활에서 다음과 같이 하려고 한다. 놀이하듯이 하지만, 진심으로 느낀 것을 실행하기 위한 훈련이다.

- 가구 배치를 고정하지 않고, 지금 원하는 장소에 의자나 책상을 놓는다.
- 가게에서 메뉴를 고를 때 순식간에 결정한다.
- 망설여지면 지금은 결정할 수 없다고 생각한다.
- 계획은 그날 아침에 정한다.

바로 실행할 수 없는 일도 있지만, 늘 유의하고 있다는 점이 중요하다. 매일 진심으로 연습하다 보면 생각만 하고 움직이지 못하는 경우가 줄어들어 실행력이 올라간다.

스스로 결정하고 실행한다. 이 훈련을 시작했을 때는 거짓으로 '이쪽이 좋다'라는 마음이 자주 등장했다. 왜 거짓이라고 느꼈냐면 논리적으로만 생각했기 때문이다. 막상 해보면 '이게 아닌데' 싶은 결과가 나왔다. 이에 굴하지 않고, 내게 어느 쪽이 잘 맞는지 계속 생각해 보니 점차 행동이 정확해져서 '이게 아닌데'라고 생각하는 횟수가 크게 줄었다.

 '나는 이쪽이 좋다'라는 생각을 솔직하게 실행하는 데 익숙하지 않으면 어떤 상황에서도 망설이게 된다. 생각에 잠기는 것을 좋아하고 즐거워한다면 상관없겠지만, 많은 생각에 사로잡혀 꼼짝 못 하는 사람도 있다. 이때는 논리가 과잉한 상태라서 필요 이상으로 복잡하게 생각하게 된다.

 "어떻게 하면 청소를 자주 할 수 있나요?"
 "낭비를 줄이려면 어떻게 해야 할까요?"
 이런 질문을 하는 사람이 많은데, 우선은 '분명 효과적인 방법이 있을 것이다'라는 생각에서 자신을 해방하는 것이 지름길일 수 있다.

　방법이 아니라 내가 하고 싶은 행동을 중요시한다. 자주 청소하는 사람은 주변을 깨끗하게 하고 싶어서 움직인다. 낭비하지 않는 사람은 낭비하고 싶지 않아서 하지 않는다. 생각대로 움직일 뿐이다.

　생각이나 방법을 바꿀 수도 있지만, 우선은 내가 하고 싶은 대로 움직이는 체험을 작은 일에서부터 반복하다 보면 생활 곳곳으로 영향이 퍼진다. 그러다 보면 자연스럽게 삶의 흐름이 방향을 바꾼다.

　그 첫걸음은 생각대로 행동해도 된다고 나에게 허가를 내리는 일이다. 사소한 일이라도 상관없으니 한 걸음 앞으로 내디뎌 보길 바란다.

## ( 관두는 것에 익숙해진다 )

　무언가를 관둔다는 것은 자동차 운전과 비슷하다. 가령 고속도로를 시속 80킬로미터로 달리다가 속도를 줄이고 싶어졌다고 하자. 계속 이 속도로 달리기가 힘들어졌다. 하지만 주위 차들은 모두 시속 80킬로미터로 달리고 있다. 다른 차선에는 시속 100킬로미터에 가까운 속도로 달리는 자동차도 보인다. 그 속도에 맞추기 힘든 내가 시속 80킬로미터로 운전하는 것을 그만두려면 어떻게 해야 할까?

브레이크를 밟을 수도 있고, 액셀에서 살짝 발을 뗄 수도 있으며, 또 다른 방법이 있을지도 모른다. 무언가를 관둔다는 것은 어떻게 해야 그만둘 수 있을지 생각하는 일에서 이미 시작된다.

관두는 것에 관한 내 생각은 이렇다. 현재 시속 80킬로미터의 차량에 둘러싸여 고속도로를 달리고 있다. 슬슬 운전하기 힘들어서 이대로 계속 흐름을 타기는 힘들다. 하지만 나만 갑자기 속도를 줄이는 것은 무섭고 위험하다. 자신의 타이밍에 맞게 감속하려면 어떤 방법이 있을까?

이때는 아무래도 '주변의 흐름에 맞추면서 적당히'라

고 생각하는 경향이 있는데, 사실 계속 같은 도로에서 달려야 한다는 규칙은 없다. 좀 더 여유로운 마음으로 생각해 보면 다른 방법도 떠오른다. 예를 들면 달리는 길을 바꿔보는 것이다.

생활도 마찬가지라서 계속 같은 하루를 보내야 한다는 규칙은 없다. 흐름을 바꾸는 방법에도 여러 가지가 있다. 이러니저러니 이유를 대고 하지 않을 뿐이다. 계속 달리는 데 문제가 있거나 힘들다고 느껴지면 두렵지 않게 흐름을 바꾸는 방법을 생각해 본다.

고속도로를 달리고 있고, 지금보다 속도를 줄이고 싶을 때 나라면 일단 국도로 나갈 것이다. 그리고 들를 수 있는 편의점을 찾아 커피와 빵을 산 뒤 잠시 휴식하면서 지도를 펼치고 느낌 좋은 길이 어디인지 계획을 다시 세운다. '바닷가가 좋겠다'라고 생각하면서.

굳이 같은 도로에서 같은 속도로 달리면서 앞을 생각해야 할 필요는 없다. '같은 도로'에서 '달리면서 생각해야 한다'고 믿으면 아예 도로에서 빠져나가거나 자동차에서 내린다는 선택지를 고려하지 못하고, 무작정 같은 속도로 계속 달리게 된다.

그리고 무엇보다 타이밍을 놓치지 않는 것도 중요하다. 모두 함께 달리는 것이 편하고, 평소와 같은 도로로 가야 안심이 되기 때문에 마침 주차할 수 있는 장소를 발견하더라도 지나칠 때가 있다. 우리의 삶도 이와 같다.

늘 주차 공간이 비어 있던 편의점도 지금 보니 주차할 장소가 없다면 마음이 더욱 초조해져서 남들과 같은 속도로 달리기가 점점 힘들어진다. 관둔다는 것은 타이밍 좋게 휴식하는 일인지도 모른다.

최선의 판단을 하려면 브레이크를 밟는 등의 부차적인 수단을 가장 먼저 떠올릴 것이 아니라 지금 이대로는 힘들다고 확실히 깨달은 후, 방법을 강구하기 위해 정차할 수 있는 장소를 찾아서 일단 멈춰야 한다.

우선은 용기를 내어 지금의 흐름에서 벗어나자고 결정하자. 그리고 '그만두고 싶다'라는 마음의 소리를 따라서 부담 없이 할 수 있는 일을 시작해 보자.

항상 같은 길을 같은 속도로 달리고 있으면 다른 방법이 있는지 알 수도, 생각할 수도 없다. 진심으로 관두고 싶다는 마음이 찾아오기 전에 미리 가볍게 관두는 연습을 하면 훨씬 더 자유로워진다. 조금이라도 경험해 두면 공포감은 별로 느껴지지 않는다.

속도 줄이는 일을 자신의 취향에 맞는 속도로 바꾸는 일이라고 생각하면 선택지가 훨씬 넓어진다. 고속도로에서 나온다고 세상의 끝이 아니다. 어디에서든 우리의 생활이라는 길은 계속된다.

여담이지만, 요즘 나는 자동차로 이동하는 것이 피곤해서 여기저기 기웃대며 슬슬 걸어 다닌다. 차를 탈 때는 걷기가 느리고 지루하다고 생각했는데, 차를 탈 때는 없던 즐거움도 느낀다. 가끔 누군가와 함께 걷거나 찻길이 아닌 길도 갈 수 있어서 좋다.

언제든지 자신이 원하는 수단으로, 원하는 속도로 이동할 수 있는 방법을 고르면 된다.

## 자가소비 시스템

지금 생활은 나에게 맞지 않는 것을 내려놓고, 좋아하고 하고 싶은 일만 남긴 결과물이기도 하다. 좋아하고 하고 싶은 일만 남게 되었다고 하는 편이 정확할지도 모른다. 저소비 생활도 저비용으로 보낼 수 있는 구조를 생각하는 것이 좋아서 하고 있다.

회사원으로 일할 때는 맞지 않는 일을 계속하기 위해 돈을 들여 보충해야 할 일이 많았다. 패션 감각이 없는데 옷을 사 모아서 멋을 내거나 인테리어에 관심이 별로 없는데 여러 가지를 갖추고 신경 쓰려고 했다. 사람이 많은 자리를 좋아하지 않았는데, 초대받으면 참여해서 무난하게 어울리려고 애썼다.

지금 생각하면 전부 나에게 맞지 않는 일이었다. 맞지 않는 일에 돈을 들이면 들일수록 어떤 보상이 따를 것이라 기대하는 것은 큰 착각이다. 맞지 않는 일은 마이너스를 간신히 제로로 만들 수 있어도 플러스로 만들기는 어렵다.

반대로 자신에게 맞는 일을 한다면 그것은 자가발전 시스템을 설치하는 것과 같다. 자신에게 맞지 않는 일을 하면→에너지가 솟아나지 않고→이를 돈으로 보충하는 악순환이 생긴다.

한편 자신에게 맞는 일을 하면→그 대상이 더 좋아지고→더 잘하게 되어 기분이 좋아지면→기분이 좋아서 또 잘 맞는 일을 한다. 이런 선순환이 생긴다. 나는 이 순환을 나만의 자가소비 시스템이라고 부른다.

- 내가 만든 요리를 먹고 맛있다고 느낀다.
- 내가 청소한 방에서 편안함을 느낀다.
- 내가 쓴 글을 읽고 격려를 받는다.

위와 같은 자가소비 시스템은 자기가 한 일로 자기를 기쁘게 한다. 그저 자기만족이라고 생각할 수도 있다. 사실 그 말이 맞다. 그렇지만 생활은 누군가에게 평가받는 것이 아니라 자신의 만족이 가장 중요하다.

자가소비 시스템으로 생활과 내면이 채워지면 누가

무엇을 해주기를 바라지 않으므로 다소 재료비는 들어가도 추가 서비스 요금이 필요하지 않게 된다. 그러면 자연스럽게 생활비가 줄어든다.

물론 에너지가 부족한 상태일 때 혹은 지나치게 서툰 일은 누군가에게 부탁하거나 의지하는 편이 낫다. 그렇지만 자가소비 시스템으로 조달할 수 있는 범위 내의 일은 가장 저비용으로 즐길 수 있다.

자가소비 시스템에서 내가 가장 훌륭하다고 생각하는 점은 작은 만족을 맛볼 수 있다는 것이다. 누군가 해준 일, 돈을 내고 얻은 것에는 자칫 불만이 생기거나 지나친 요구가 따를 수 있지만, 내가 좋아서 하는 일은 요구도, 그것을 받아들이는 것도 모두 나의 몫이다.

많은 것을 바라면 그 소망을 이루기 위해 그만큼 성장해야 하고, 그 과정에서 의외로 작은 성취에도 만족을 느낄 수 있다. 만약 잘 안 되더라도 더 잘하기 위한 계기로 삼을 수 있다는 점도 마음에 든다.

만일 스스로 원단을 활용해 옷을 만들었다면 '옷깃이

조금 마음에 안 든다'라거나 '길이가 조금 이상하다'라는 사소한 점은 신경 쓰지 않을 것이다. 재봉을 잘하는 사람이라면 몰라도 옷을 만들어 본 적이 없는 사람이라면 입을 수 있는 옷이 생긴 것만으로 충분하다고 느낀다.

## 돈에 구애받지 않는 생활

사람들은 자기가 잘하는 일이 있어도 '나보다 잘하는 사람이 많다'라며 금세 뒤로 물러서는 경향이 있다. 내가 할 수 있으니 모두 할 수 있다고 생각하기 쉽지만, 전혀 그렇지 않다는 사실을 나는 온라인 업무를 통해 비로소 깨달았다.

나에게는 유튜브에 비정기적으로 업로드하는 가제타미 라디오가 그렇다. 대본도 휴식도 없이 매번 혼자서 1시간 넘게 이야기한다. 말이 막혀서 머리가 새하얘진 적은 지금까지 한 번도 없었다. 나는 누구나 할 수 있다고 생각했지만, 많은 유튜버가 대본을 쓰는 데 굉장히 공을 들인다는 사실을 알고 충격을 받았다.

만약 돈, 시간, 조건을 기준으로 내가 잘하는 일이 무엇인지 생각했다면 분명 1시간 동안 말하는 목소리를 녹음한다는 엉뚱한 일을 절대 실현하지 못했을 것이다.

계기는 SNS 라이브 중에 팔로워에게 온 의견이었다. 좀 더 길게 이야기해 달라는 요청이 와서 10분, 20분, 이야기하는 시간이 늘어나 결국 1시간 조금 넘게 이야기하게 되었다. 너무 긴 것이 아닐까 싶었지만, 막상 해보니 평이 좋아서 거의 3~4년 이상 녹음을 계속하고 있다.

보통 특기라고 하면 숨 쉬듯이 쉽게 하거나 부담 없이 편안하게 지속하는 일이라고들 하는데, 그 말에 정말 공감한다. 주변에서 해달라고 부탁하는 일이 자신이 잘할 수 있는 바로 그 특기인 경우가 많다.

평소 그런 기회를 제대로 받아들이겠다는 자세로 지낸다면 잘하는 일은 찾아내지 않아도 만날 수 있다. 어쩌면 자신의 특기가 누군가에게 도움이 될지도 모른다. 특기인지 아닌지 자각이 없어도 일단 결과를 생각하지 말고 가볍게 도전해 보자.

## 고치는 것이 아니라 되돌린다

　행복의 모양은 정말 다양하다. 그러나 세상에는 '이래도 되는 걸까?'라며 불안을 부추기는 일이 많아서 쓸데없이 고민하거나, 이미 행복한 일이 충분하지만 실감하지 못하기도 한다.

　나는 지금의 생활에서 비로소 행복을 찾았고, 여러 발견을 했다. 이전까지는 더 많은 기술을 익혀야 하고 수입을 늘려야 하며 더 노력해서 좋은 평가를 받아야 한다고 생각했다. '더 좋은 생활'을 보내야 한다는 불안을 원동력으로 삼아 불필요한 것까지 흡수하려고 했다.

　하지만 사실 이미 가진 것을 소중히 여기고 살면 충분하다는 것을 깨달았다. 굳이 무리 짓지 않고, 고독과 친하게 지내면 자연스럽게 지금의 모습을 좋아하게 된다고 예전의 모습을 되돌아보면서 절실히 느꼈다.

　누군가와 비교하고 남의 시선을 신경 쓰거나 세간의 평가를 기준 삼아 나 이외의 것에 지나치게 마음을 쓰면 본래의 자신에게서 점점 멀어진다. 자기를 바꾸고 싶다고 황급히 무언가를 받아들이기보다 지나치게 부풀어 오른 생활을 일단 원 상태로 되돌리는 것이 상당히 중요하다.

그러기 위해서는 감각을 소중히 하고, 나에게 맞지 않는 것에서 멀어지는 일이 좋은 계기가 된다. 그때부터 비로소 자신에게 필요한 돈이나 소유물을 명확하게 파악할 수 있다. 성급하게 변하려 하지 말고 조금씩 한 걸음 한 걸음 나아가는 것이 뭐니 뭐니 해도 본인에게 이롭다.

## 서두르지 말고 조급해하지도 말자

자신과 생활을 되돌아보고 싶을 때, 어디에도 존재하지 않는, 지금보다 훨씬 좋은 버전으로 이미지를 상상하는 경향이 있다.

우리는 한 방에 역전시킬 마법이 어떻게든 일어나기

를 원한다. 스스로 시행착오를 거치는 귀찮음이나 어려움을 피하고, "이것을 구매하면 쉽게 해결됩니다"라거나 "이 방법을 시도하면 노력하지 않아도 극적으로 달라집니다"라는 식의 달콤한 홍보 문구에 무심코 휘둘린 경험은 누구나 한두 번쯤 있을 것이다. 하지만 그렇게 되면 불필요한 소비를 해서 물건이 늘어난다. 바로 해결하려고 할수록 본래의 자신에게서 멀어진다.

생활을 정리하면서 느낀 것은 '떼어내려면 받아들였을 때만큼 시간이 걸린다'라는 사실이다. 조급하게 결과를 얻으려고 하면 지속할 수 없다는 사실은 당연하다. 시간이 걸린다는 진실을 중심에 놓고, 꾸준히 성실하게 노력해야 한다.

처음으로 직접 지은 밥의 맛을 기억하는가? 처음 만든 계란말이, 처음 만든 주먹밥, 처음 해본 빨래, 처음 해본 쇼핑은 어떤가? 누구나 아무것도 몰랐을 때부터 시작했을 테지만, 그 처음의 감촉도 감상도 대부분 잊고 산다.

우리는 그 정도로 시간을 들여 지금까지 여러 습관을

습득해 왔다. 습득하는 데 걸린 시간만큼 떼어내는 데도 시간이 걸린다고 생각하면 급하게 할 수 있는 일은 한정적일 수밖에 없다. 그 사실을 깨닫게 되면 마음이 좀 더 가벼워질 것이다. 그때까지는 조급해하지 말고, 서두르지 말고, 자신이 할 수 있는 범위의 일을 꾸준히 하면서 지내는 것이 가장 현명하다.

'잘 못하면 어떻게 하지?'

'실패하기 싫은데.'

실행 전에 이런저런 생각이 지나치면 행동으로 못 이어지는 사람도 많다. 개인적인 경험으로는 일단 해보면서 쌓아가는 동안 많은 것을 깨닫는다고 생각한다.

자신의 생활을 스스로 정리하고 만들어 가는 일은 힘들다. 하지만 그렇기 때문에 재미있다. 재미있어 보이고 관심 가는 것이 있으면 그 생각대로 움직여 보자. 그것이 어떤 일이든 잘되는 요령이다.

물론 나도 여러분과 함께 앞으로도 꾸준히 나의 생활을 되돌아볼 것이다. 괜찮다면 부디 함께 삶을 쌓아가도록 하자. 일상의 어떤 작은 일부터라도 상관없다.

## 지금의 삶을 배에 비유한다면

내 생활을 배에 비유해서 상상해 봤다. 지금 내가 타고 있는 배는 1인승 카약이고, 짐은 그 배에 실을 수 있을 만큼만 있다. 만약 배가 뒤집혀도 스스로 일으킬 수 있는 크기지만, 만약을 위해 구명조끼는 착용하고 있다.

엔진은 내가 노를 젓는 패들뿐이고, 호수처럼 고요한 수면에서 주위의 자연 풍경을 바라보며 똑바로 나아가고 있다.

나 혼자 감당할 수 있는 배를 타겠다고 결정한 지 벌써 5년 정도 지났다. 왜 그렇게 결정했냐면 이런 이유 때문이다.

만약 많은 짐을 싣고 느긋하게 장거리를 이동하는 대형 페리 같은 배를 조종하고 싶다면 큰 엔진이 필요하고, 인력도 유지비도 막대하게 든다. 전복 사고가 발생하면 스스로 배를 일으킬 수도 없다. 가라앉기 전에 순간적으로 판단하는 기술도 필요하다.

주변에 맞게 더 큰 배로 갈아타는 것이 좋을까 고민도 했지만, 결국 환승을 하지 않고, 계속 같은 배를 사용하고 있다. 특별히 불편한 적은 없고, 오히려 내 조작 스킬과 판단력이 향상되는 느낌이 든다.

이런 식으로 자기의 생활을 배에 비유해 보면 선체의 조종을 위해 어느 정도의 유지 비용이나 노력이 필요한지 가늠하기 쉬울 것이다. 나는 큰 배를 구매할 경제력도, 조종 기술도, 전복 사고 시의 대응 능력도 없고, 선상에서 매일 여러 사람과 파티를 열며 교류하는 일도 즐겁지 않기 때문에 내 페이스대로 지낼 수 있는 1인승 카약이 딱 좋다.

처음엔 저소비 생활을 하려는 대부분의 사람이 나와 마찬가지로 1인승 작은 배에 약간의 짐을 싣고 사회로 노를 저어 나갈 것이다. 하지만 계속 가면서 짐을 많이 싣고 싶어지거나 더 튼튼한 배로 갈아타는 것이 안정적이라고 생각할 수도 있다. 그렇게 원래 타던 배보다 조금씩 규모를 키우다 보면 배가 어느 방향으로 가고 있는지 보이지 않거나 조종 방법을 잊을 수도 있다.

주위를 보면 1인승 카약에 대량의 짐을 실었다가 조종이 어려워진 사람도 있고, 큰 배로 갈아탄 후에 속도를 과하게 올려서 사고를 내는 사람도 있다. 자신이 왜 큰 배를 선택했는지 몰라서 처치 곤란이 된 사람의 이야기도 최근 자주 듣는다.

반대로 너무 커진 배를 조종하거나 유지하기가 힘들어서 실었던 짐을 줄이고 작은 배로 갈아타는 사람도 늘고 있다. 나에게는 동료가 늘어나는 느낌이다.

시대를 상당히 거슬러 올라가면 자신이 탈 배를 선택할 권리도 선택지도 없었을지 모르지만, 지금은 어떤 배를 탈지 선택지가 굉장히 넓어지고 있다.

배처럼 우리도 보고 아는 수준에서 자신의 생활을 파

악할 수 있다면 얼마나 편할까? 아마도 파악하기 어렵기 때문에 이 책을 집어 들었을 것이다.

작은 배에는 작은 배의 장점이, 큰 배에는 큰 배의 장점이 있다. 지금 자신이 어떤 배를 타고 있으면 매일 즐거울지 떠올려 보자. 그러면 타야 할 배의 사이즈나 실어야 할 짐의 양도 감이 올 것이다. 제대로 노를 저을 장소를 선택하고, 배에 실을 짐에 욕심내지 않으며, 자신의 조작 솜씨를 계속 연마하면 1인용 카약도 꽤 즐거운 선택지가 된다.

## 행복했던 일을 되돌아본다

낭비나 과소비가 늘어났을 때 왜 하지 않았는지 후회하는 것이 있다. 바로 오늘 행복했던 일을 되돌아보는 일이다.

일이 끝난 후, 여행에서 돌아온 후, 친구들과 놀고 난 후에 항상 내 머릿속에 떠올랐던 것은 '이렇게 했으면 더 잘했을 텐데', '더 괜찮게 대응할 수 있었을 텐데'라는 반성의 시간이었다. 열심히 일한 것, 여행에서 즐거웠던 순간, 친구와 서로 웃었던 일은 잊고 있었다.

나는 이처럼 반성의 달인이었지만 오늘 행복했던 일을 되돌아보는 습관을 들이면서 어느새 '오늘도 무사히 끝내서 다행이다'라는 따뜻한 마음으로 하루를 마무리하게 되었다.

지금 이 책을 읽고 있는 여러분 중에 오늘 행복했던 순간을 하루하루 되새기는 사람이 얼마나 될까? 예전의 나와 같은 반성의 달인들이 매일 밤 반성의 페이지를 펼치고 있지는 않을까? 개선할 점을 발견하고 다음번에 활용한다는 의미에서는 성장의 밑거름이 될 수도 있지만, 필요 이상으로 자신의 부족한 점을 지적하는 경우도 많다.

물론 지금은 잘되지 않아도 다음에 제대로 살리면 경험이 된다고 스스로에게 뜨거운 응원을 보낼 수도 있지만, 반성의 시간에서 이런 의견이 나온 적은 한 번도 없었다. 반성의 시간에서 가장 안 좋은 점은 다음에 살릴 용기가 사라진다는 것이다.

  반성한 내용을 개선하기보다 그 상황을 맞닥뜨리는 일 자체를 피하게 되거나 불편하다는 의식이 강해진다. 게다가 반성하고 싶어서 하는 것이 아니라 저도 모르는 사이에 습관적으로 하는 것도 반성을 쉽게 멈출 수 없는 원인이 된다.

  나는 마트에 붙어 있는 고객의 소리를 읽는 것을 좋아한다. "A베이커리의 빵을 매일 먹고 있으니 다시 입고해주세요." "아들이 B사의 주스를 좋아하는데, 이제 들어오지 않나요?"

  이렇게 꼭 집어서 바라는 내용이 많은데, 사람 사는 이야기라는 느낌이 들어서 자꾸 읽게 된다.

  하지만 한 가지 신경이 쓰이는 점은 집 근처 슈퍼에 쓰인 고객의 소리 절반 이상이 현재 상황의 불만이나 개선을 요구하는 엄격한 의견이라는 것이다. 칭찬하거나 감사를 전하는 따뜻한 목소리는 극히 드물다. 좋은 점도 많을 텐데, 우리는 무심코 반성의 시간처럼 개선점에 초점을 맞춰 모든 일에 지적을 하는 경향이 있다.

그래서 나는 평소 잘 가는 마트에 가끔씩 감사 메시지를 남긴다. 이렇게 은밀히 하는 선행은 내 가슴에 몰래 간직하고 싶었지만, 여기까지 읽어준 여러분에게만 슬쩍 밝힌다. 감사 메시지를 쓰고 있으면 오히려 내 마음이 따뜻해지고, 다음에 마트를 이용할 때도 감사하는 마음이 오래 가서 그저 마음속으로 생각하는 것보다 훨씬 기쁘다.

자기 자신에게도 잘못만 지적하다가 감사하는 자세를 가져 보면 만족감이나 행복감이 훨씬 올라간다.

고객의 소리가 아닌 자신에게 보내는 소리가 있다면 여러분은 어떤 메시지를 쓰겠는가? 반성일까, 아니면 감사일까? 굳이 자기를 향한 의견이 아니더라도 잠들기 전에 오늘 행복했던 일을 하나씩 떠올린다면 스스로를 지탱하는 시간이 된다.

나는 잠들기 전에 그날 행복했던 일들을 기억에서 꺼내 다시금 행복을 느끼려고 한다.

"점심 때 먹은 밥이 맛있었어."

"아침에 산책했더니 마음이 차분해졌어."

"목욕을 하면 역시 기분이 좋아."

이런 식이다. 특별한 일이 아니라도 행복하다고 느낀 것은 무엇이든 되새겨 본다. 오히려 사소한 일을 떠올리는 편이 효과적이다. '아침에 산책해서 좋았다'보다는 '아침 공기가 신선했다', '새소리가 들려 편안해졌다'는 식으로 기분을 더 자세히 떠올리면 행복을 더 세밀하게 느낄 수 있다.

부족한 점만 지적했던 반성의 시간을 멈추었을 때는 행복의 구체적인 기억들이 다듬어지지 않았지만, 꾸준히 하는 사이에 꽤 세밀해졌다. 하루 중 생각날 때 해보면 내면의 부정적인 생각을 고칠 수 있고, 같은 사건을 놓고도 내가 어떤 시각으로 보느냐에 따라 하루가 상당히 다르게 느껴진다는 사실을 알 수 있다.

## 행복과 행운은 다르다

오늘 행복했던 일을 떠올리는 연습을 하면서 돈과 관련된 일을 행복이라고 생각한 적이 별로 없다는 사실을 깨달았다.

'1,000원으로 양배추를 살 수 있어서 다행이야.'
'점심을 5,000원으로 해결했어.'
'1,000포인트 적립했다.'

이런 생각을 떠올려도 나쁘지 않을 것 같지만, 실제로 떠올려 본 적은 한 번도 없다.

행복을 느끼는 것은 돈을 쓰는 행위나 돈 자체가 아니라 결국 내가 어떻게 느끼느냐에 달려 있다. 양배추 1,000원과 1,000포인트 적립은 행운이 될 수는 있어도 행복은 될 수 없다.

아무리 열심히 절약해도 힘든 것은 행운을 맛볼 순 있어도 행복이 부족하기 때문이지 않을까? 그렇게 생각하면 내가 무엇에 행복을 느끼고, 평소 어떤 것에 초점을 맞추면 좋을지 의식하기 쉬워져서 자기만의 행복을 금방 찾을 수 있다.

불필요한 소비도 줄어들고, 저소비 생활도 더 충실해진다. 오늘 행복했던 일을 자주 떠올리다 보면 나만의 행복관이 만들어질 것이라고 믿는다.

### 저소비 상담실

## Q. 답답할 때 스트레스를 푸는 나름의 방법이나 생각법이 있나요?

A. 답답함을 자기 자신을 이해하기 위한 재료로 삼는 방법이 가장 좋다. '왜 답답했을까?'라는 생각에 일상생활을 개선하기 위한 굉장히 중요한 힌트가 숨어 있기 때문이다.

답답함에는 여러 종류가 있고, 대개는 과거에 경험한 안 좋은 기억이 무의식중에 층층이 쌓였기 때문이라고 개인적으로 느끼고 있다. 그 외에는 단순히 싫다는 신호라고 생각할 수도 있다.

예를 들어, 다른 사람에게 듣고 싶지 않은 말을 들었을 때 갑자기 가슴 깊이 답답해진 적이 있진 않은가? 그것은 자신을 지키기 위한 답답함이며, 그것대로 소중히 여겨야 한다.

그래도 답답함은 이상한 감정이다. 자석의 같은 극을

맞댔을 때처럼 종잡을 수 없기도 하다. 자신의 답답함이 어떤 종류인지 생각해 보면 새로운 깨달음이 있을지도 모른다.

# 제4장

## 생활을 지키는 마음가짐

## 물살이 잔잔한 곳으로 간다

저소비 생활의 어려운 점은 한 번 만들어 놓은 작은 생활을 지속해야 하는 것이다. 우리가 지금 살고 있는 환경에서는 쇼핑이나 서비스를 이용하자고 스스로 확고한 의지를 품지 않아도 가볍게 돈을 쓸 수 있다.

그런 만큼 별생각 없이 물건이나 서비스에 소비하는 흐름을 거스르는 것은 자기만의 의지와 습관이 없으면 실천하기 어렵다. 여기에 저소비 생활의 의의가 있을 것이다.

흐름을 거스른다고 썼지만, 저소비 생활을 보내고 있는 당사자에게는 흐름에서 아예 벗어난다는 감각이 더 강하다. 강에 비유하자면 물살이 빠른 강 한가운데 서 있는 것이 아니라 물살이 잔잔한 가장자리 쪽에 서 있는 느낌이다.

저소비 생활을 계속하려면 자신이 있는 장소를 계속 생각하며 최대한 가운데로 가지 않겠다고 마음먹어야 가장 편안한 상태가 된다. 가장자리에 서 있으면 되는데, 그것마저 어려워지는 것은 모두 가운데에 있어서 자신도 그쪽으로 가야 한다는 초조함이 생기기 때문이다.

내가 저소비 생활을 시작했을 무렵 우선 시작한 일은 절약을 의식하는 것에 더해 과밀하지 않은 장소와 시간대를 선택하는 것이었다. 혼잡한 장소나 시간대를 철저히 피하자 이전의 내가 상당히 사람들의 움직임이나 장소의 분위기에 휩쓸려 움직이고 있었음을 깨달았다.

가판대의 할인 행사에 사람들이 모여 있으면 나도 들여다보고 싶어지고, 원하는 만큼 상품을 담아가는 행사에서 남들이 열심히 담고 있으면 나도 자석처럼 그 자리에 이끌렸다. 왜냐하면 다들 즐거워 보이기 때문이었다. 이유는 그뿐이다.

강가에 서 있으면 그렇게 가운데에서 즐거워 보이는 사람들을 먼발치에서 보게 된다. 물론 계속 그렇게 하기 힘든 사람도 있고, 아예 할 수 없는 사람도 있을 것이다. 억지로 하기보다는 자기 마음이 편한 장소를 찾아서 가끔씩 가장자리로 가보는 정도도 괜찮다.

반대로 평소에는 가장자리에 있지만, 때때로 가운데에 조금 가까이 가볼 수도 있다. 나도 가끔은 호기심에 가운데로 다가갈 때가 있다. 다만 가장자리로 돌아가는 것을 잊지 않는다. 이를 지속하는 것이 꽤 중요한 요령이라고 생각한다.

강의 중앙은 모두의 가치관, 가장자리는 나의 가치관이다. 양쪽을 왔다 갔다 할 수 있는 자유로움이 있으면 저소비 생활을 지속하기가 훨씬 쉬워진다. 사람들의 시점, 자신이 보는 시점을 전부 얻을 수 있어 상황을 객관적으로 볼 수 있고, 생활을 자유롭게 디자인할 수 있다.

모두의 가치관에 전부 맞추지 않아도 되고, 그렇다고 자신만의 확고한 가치관이 있어야 하는 것도 아니다. 왔다 갔다 하면서 그저 그때그때 기분 좋은 장소를 찾아가면 된다. 결국 그것이 삶을 지속시켜 주고, 걸어온 길을 되돌아보면 하나로 쭉 이어져 있을 것이다.

만약 자신의 생활을 다시 살펴보고 싶은 타이밍이 오면 계속 머물고 싶은 장소가 어디인지 강의 한가운데와 가장자리를 떠올려 보자. 그저 있고 싶은 곳에 있으면 된다. 그것이 나의 위치와 생활이 된다.

## ( 남은 것은 기다림뿐 )

작년부터 푸른 차조기를 베란다에서 키우고 있다. 씨앗부터 키우면 양이 너무 많아지기 때문에 모종을 하나만 사서 화분에 심어놓았다. 그래서 더없이 간소한 텃밭이 되었다.

내가 기르는 것은 푸른 차조기 정도지만, 그 하나의 존재가 매 여름의 즐거움이 되어준다. 마트에서 사면 열 장 묶음으로 쉽게 구할 수 있지만, 기르고 있으면 심어났다고 해도 바로 수확할 수 없다.

　심은 후에는 조용히 성장을 기다리는 시간이 압도적으로 길다. 완전히 자란 수확물을 얻는 것보다 훨씬 저렴하고, 자라는 과정에서 즐거운 시간도 얻는 느낌이다. 기다림은 꽤 즐거운 정적인 시간이다.

　멈춰 선다고 하면 정지하는 느낌이지만, 인간이 아무것도 하지 않아도 식물은 성장하듯이 우리 주변에도 '심고 난 뒤 남은 것은 기다림뿐'인 일이 많을지도 모른다.

　원예에 익숙하지 않지만, 빨리 수확하고 싶어서 지나치게 손을 대면 나중에 더 번거로워진다는 사실 정도는 안다. 무턱대고 화분을 두는 장소를 움직이거나 쓸데없이 비료를 주고 싶은 마음이 생겨도 그때는 딱 멈춰야 한다. 함부로 만지작거려서 좋을 것이 없다.

　저소비 생활의 주의 사항도 마찬가지다. 뭐든지 바로 손대는 습관을 고치고, 평소 보이지 않지만 나아가고 있다는 사실을 생각해 보는 일도 중요하지 않을까 싶다.

　그것은 인내가 아니라 성장을 지켜보는 일이다. 멈춰

서서 보면 조급하게 진행할 때보다 비교할 수 없을 정도로 좋은 일이 있을지도 모른다.

## 멈추는 연습을 한다

매일 바쁘게 지내다 보면 무슨 일이든 점점 앞으로 가는 것이 당연해진다. 그렇지만 저소비 생활을 그 페이스로 진행하면 애써 정리해 놓은 생활의 규모가 다시 커질 수도 있다. 나는 일부러 '이렇게까지 멈춰도 괜찮을까?'라고 느낄 정도로 멈추는 타이밍을 설정해야 저소비 생활이 흔들림 없이 유지된다고 본다.

지금 우리의 생활은 밤에도 낮처럼 환하게 지낼 수 있고, 겨울에도 여름과 같은 기온으로 만들 수도 있다. 어떤 것도 자유자재로 조절할 수 있는 시대다. 하지만 그만큼 과도하게 활동하고 있다는 느낌도 든다.

나는 지금의 생활을 하고 난 뒤 비 오는 날 밖에 나갈 일이 거의 없어졌다. 외출해야 할 예정이 있을 때를 제외하고, 볼일이 없을 때는 일부러 비 오는 날 밖에 나갈 필요가 없기 때문이다. 조금 멋지게 말하자면 청경우독晴耕雨讀(날이 개면 논밭을 갈고 비가 오면 글을 읽는다는 뜻-옮긴이)한 삶이다.

회사로 출퇴근할 때는 비가 오면 축축하게 젖거나 우산을 들고 다녀야 해서 정말 싫었지만, 지금은 비 오는 날에 마음이 안정되어 나를 돌아보는 좋은 기회가 된다. 비가 오면 밖의 다른 소음도 사라지고 집중력이 높아지기도 해서 독서를 하거나 생각에 잠기는 시간으로 활용한다. 비의 힘을 빌려 잠시 멈추는 연습을 하는 셈이다.

지쳐 있거나 마음이 답답할 때일수록 불안 때문에 뭔가 새로운 일을 하고 싶어지는데, 나는 멈추는 것이 훨씬 효과적이라고 본다. 멈추는 일은 나아가는 일보다 더 어렵게 느껴진다. 그래서 일상에서 멈추는 연습이 필요하다. 내가 그 방법을 조금 소개해 보겠다.

**아침에 기록하기**
아침에 머릿속에 있는 내용을 노트에 적기 시작하면

서 고민과 불만이 줄어들었다. 이 습관을 시작한 것은 낮에 생각에 잠기기보다 아침에 막 일어났을 무렵 문제의 해결법이 떠오르는 경우가 많았기 때문이다.

아침에 아직 멍해 있을 때 속내나 본심이 잘 드러난다. 방법은 매우 간단한데, 너무 깊이 생각하지 않으면서 그때 생각난 것을 모두 노트에 써나간다. 그러면 정체되어 있던 문제가 움직이기 시작하거나 좋은 아이디어가 신기하게 떠오른다. 나는 아침에 가장 먼저 차를 마시면서 하고 있다.

참고로 애용하는 아이템은 부담 없이 쓸 수 있는 A4 사이즈의 낙서장이다. 페이지가 많은 무지 노트가 쓰기 편하다.

**멍하니 있는 시간**

이전과 비교해서 분명히 아무것도 하지 않는 시간이 늘었다. 아무것도 하지 않는 시간에 내가 제대로 정보를 정리한다는 것을 깨달았기 때문이다.

처음에는 도저히 아무것도 하지 않을 수 없었다. 머릿

속에 노이즈가 생기면서 시끄럽게 느껴졌다. 하지만 이제는 멍하니 있는 것도 능숙해졌다. 뭔가 해야 한다는 마음에 떠밀려 한 일은 별로 좋은 영향을 주지 않았기 때문에 적극적으로 아무것도 하지 않는 시간을 보내려고 한다.

그 영향이 가장 짙게 나타나는 때는 바로 여행이다. 전에는 가게나 관광지 등을 초스피드로 돌아보는 여행을 선호했지만, 지금은 그 자리에서만 맛볼 수 있는 공기의 감촉을 몸으로 받아들이는 시간을 많이 만들게 되었다.

그러자 여행지에서 돌아온 뒤 시간이 꽤 지나도 그때 그 장소의 분위기를 조금씩 떠올릴 수 있었고, 즐거움의 질이 달라졌음을 느꼈다.

멈춘다는 행위와 조금 종류가 다른 듯하지만, 일상생활에서 뭔가를 해야 한다는 충동적인 느낌에서 벗어나려면 기분 좋은 차분함을 느낄 멍하니 있는 시간이 필요하다.

처음에는 무료하고 초조해질 수도 있지만, 계속하다

보면 자신의 감성이 변해간다고 느낄 것이다. 시간의 사용법도 관리보다는 체감이 더 중요할지 모른다.

**가끔 생활권에서 나간다**

일상생활에 너무 절어 있으면 보이지 않는 부분이 늘어난다. 좋은 일이든, 불만이든 항상 머무는 장소에서 벗어나지 않으면 스스로 깨닫지 못하는 일도 많다. 그럴 때는 평소 생활권에서 조금 이동해 보는 것이 효과적일 수 있다.

이것도 멈추기와는 달라 보일 수 있지만, 개인적으로는 평소의 생활을 살짝 중단한다는 의미에서 일종의 멈추기라고 보고 있다.

예전에는 짧은 간격으로 이사하거나 여행하는 등 이동하기를 매우 좋아했는데, 저소비 생활을 하게 되면서 일부러 멀리 나가거나 큰 변화를 일으키지 않아도 좋다는 사실을 깨달았다. 대략 한두 정거장 정도 이동하면 기분 전환이 가능하다.

이제는 멀리 나가는 외출 자체를 하지 않게 되었고, 왠지 모르게 기분이 답답할 때나 일상에서 조금 벗어나고 싶어지면 한두 시간 정도 슬슬 걷거나 전철을 타고 몇 정거장 이동하는 정도로 규모를 줄였다.

그렇게 조금 이동하는 동안에도 고민의 근본적인 문제점이나 내가 정말로 신경 쓰던 일이 머릿속에서 정리되면서 맑아지곤 한다. 항상 걷는 길이나 일상 풍경에서 조금 벗어나기만 해도 신선한 자극이 될 수 있다. 아주 조금이라도 좋으니 평소와 다른 일을 하는 것도 개인적으로는 일상을 멈추는 방법이 된다.

## 깨끗이 포기한다

나는 좀 더 집착하거나 고집을 부리는 사람이라고 생각했지만, 저소비 생활의 영향인지 포기하는 순간이 이전보다 아주 빠르게 찾아온다. 지금까지 포기는 곧 어중간하게 끝내기라고 부정적으로 생각했기 때문에 가능한 한 피하려고 했다. 포기하면 안 된다고 나 자신을 독려하기도 했고, 마지못해 계속하기도 했다.

그런데 포기를 잘하게 된 뒤로는 정말 원했던 것을 억지로 하지 않고, 열심히 하지 않고도 손에 넣게 되었다. 예전 같으면 더 발버둥 치거나 피나게 노력해서 얻었던 것도 포기가 빨라진 뒤로는 '사실 원하던 것은 눈앞에 있었다'라는 경험을 하곤 한다.

왜 이런 일이 일어났는지 돌이켜 보니 내가 깨끗이 포기했기 때문이었다. 포기하면 손에 들어오는 아주 희한한 법칙이 존재하는 듯하다.

포기란 예를 들어 이런 경우다. 뭔가 원하는 물건이 있어서 쇼핑하러 갔다고 가정하자. 원하던 상품이 없는 경우, 대개 강한 집념이 솟구쳐서 손에 넣을 때까지 쫓고 싶어진다. 하지만 그때 '지금 나에게 크게 필요 없을 텐데'라고 마음을 바꾸면 원하는 상품보다 나에게 더 잘 맞는 것을 찾을 수 있다. 다른 장소에서 더 좋은 물건을 만나기도 한다.

'이것밖에 없어'라고 믿고 있으면 시야가 굉장히 좁아진다. 그래서 포기를 잘하면 시야가 넓어지고, 바로 근처에 있는 기회도 확실히 눈에 들어온다.

절약이나 저소비에 관한 정보도 스스로 맹렬히 찾고 있을 때는 나에게 맞는 것을 쉽게 접할 수 없었다. 오히려 깨끗이 포기하고 거의 잊고 있는 상태에서 정말 필요한 좋은 정보를 만날 수 있었다.

만약 '조금만 더 찾아보자', '좀 더 좋은 게 있을지도 몰라'라고 아쉬운 마음이 든다면 그 마음을 조금만 내려놓자. 포기하면 다음으로 나아갈 수 있다는 것이 아니다. 너무 끈질기게 쫓고 있으면 손에 넣을 수 없다고 하는 편이 맞을 것이다.

언제 포기하는 것이 좋은가 하면 포기하고 싶지 않은 마음이 가장 클 때다. 공격하는 자세보다 퇴각하는 자세가 효과적일 때도 있다.

나는 포기가 빨라져서 앞으로 나아가는 것도 빨라졌다고 생각한다. 완전히 포기하지 않으면 같은 장소에서 제자리걸음 하게 되어 에너지를 쏟는 데 비해 전혀 앞으로 나아가지 못한다.

포기는 빨리 기분을 전환해 다음으로 나아갈 상태를 준비하는 일이다. 실패하거나 틀리고 싶지 않으면 포기가 안 될 수도 있다. 신중한 자세 자체에는 가치가 있을지도 모르지만, 시간이나 상황이 계속 변화하는 한 실패나 실수를 피하는 것은 불가능에 가깝다. 나는 직감적으로 이런 기분이 들면 포기하기로 했다.

망설여지네.
뭔가 다를지도 몰라.
실패했다!

포기한다기보다 그냥 관두는 느낌에 가깝다.
내가 하고 싶은 일, 정말로 해야 할 일이라면 계속해서 집중하고 싶다는 긍정적인 마음이 든다. 포기하고 싶지 않다는 생각이 먼저 들지는 않는다. 포기 쪽으로 마음이 먼저 가 있어야 오히려 반발하며 포기할 수 없다는 말이 나온다.

　집착이 되기 전에 잘 포기하는 것도 좋은 방법이다. 예를 들어 A와 B라는 선택지가 있고, 망설인 끝에 B를 선택했다고 하자.

- A를 포기하고 B로 한다.
- 심플하게 B를 선택한다.

　간단하게 B를 선택하는 편이 기분도 상쾌하고, 사고 회로도 깨끗하다고 말하면 이해가 될까? 나는 A를 포기한다는 소극적인 선택지보다 B를 선택한다는 자세를 유지하는 것이 현명하게 잘 포기하는 비결이라고 생각한다.
　포기의 효과와 효능은 상당히 크지만, 어떤 영향이 있을지는 미지수다. 포기해서 얻게 되는 의외의 수확을 기대하면서 긍정적으로 깨끗이 포기하는 습관을 생활에 받아들여 보자.

## 이미 가진 것에 눈을 돌린다

 사람의 의식은 참으로 신기해서 이미 가진 게 많다고 생각하며 주위를 둘러보면 많다고 느껴지고, 없다고 생각하면 없다고 느껴진다. 그렇다면 자신이 만족하는 쪽을 선택해야 마음도 가벼워지고, 불필요한 일도 줄어든다.

 물건이 많다고 생각하면서 방을 둘러보면 물건이 많게 느껴진다. 그것은 많다는 쪽에 시점을 맞춰 방을 보고 있기 때문이다. 물건이 적다고 생각하면서 보면 없는 부분만 보여서 적게 보인다.

 이것은 속임수도 아니고, 그저 초점을 어디에 두느냐에 따라 달라질 뿐이다. 이미 가지고 있는 것에 초점을 맞추면 되는데 그것이 안 될 때 현재 상황이 답답해지고 초조함이 생긴다.

 돌발적으로 현재 나의 모습이나 생활을 뒤바꾸고 싶은 느낌은 분명 결핍 증상의 일종이다. 나 역시 예전에 자주 그랬다.

 인테리어에 열중하고 싶어지거나 의류를 전부 새로 구매하고 싶어지거나 어딘가 멀리 여행을 떠나고 싶어지기도 한다. 그것으로 생활에 약간의 변화를 줄 수는 있지만, 근본적으로 아무것도 변하지 않기 때문에 어느 날 다시 결핍 증상이 일어난다.

 이미 가지고 있고, 이미 갖추고 있음을 의식하면 초조함이나 불안함을 느낄 때 신기하게도 마음이 안정된다. 아직 아무것도 없고, 전혀 갖추고 있지 않다고 느끼기 때문에 초조하거나 불안해진다.

 처방은 단 하나다. 나는 이미 많은 것을 가지고 있다고 생각을 바꾸면 된다. 이미 가지고 있다고 생각하는 습관만 있어도 낭비가 줄어들어 자신의 페이스를 지키며 생활할 수 있다.

## 내려놓는 연습을 한다

앞에서 깨끗이 포기하는 것도 필요하다는 이야기를 했는데, 솔직히 말하자면 저소비 생활 자체가 포기와 비슷하다. 포기한다고 하면 언뜻 부정적인 의미로 생각되지만, 내가 체감하기에는 완전히 반대다. 나는 자신에게, 누군가에게, 어딘가에 기대하는 것을 관두고 나서 그 이후로 무슨 일이든 잘 풀렸다.

요즘 세상은 원하는 것을 찾든, 손에 넣든, '조금만 더 노력하면 될 것 같다'라는 생각에 무의미하게 집착하게 되는 환경이라서 포기하기가 어려워졌다. 어떤 상품을 인터넷에서 찾아보면 추천 항목에 비슷한 상품이 뜬다. 원하는 상품이 매진되어도 금세 입고 알림을 받을 수 있다. 비슷한 상품이나 새로운 서비스가 계속해서 등장한다. 포기하게 두지 않겠다는 판매자의 강한 의지마저 느껴진다.

떠나려고 해도 붙잡는 것이 많은 세상이 되었다는 의미인지도 모른다. 그런 환경에서는 스스로 적극적으로 포기하지 않으면 점점 자신이 아닌 다른 요소에 휘둘리게 된다.

내 경험상 시급을 다툴 정도로 당장 가지고 있지 않으면 곤란한 물건이나 서비스는 일상생활에 거의 존재하지 않는다. 나는 스스로 나서서 포기하자 가지고 있는 돈도 줄지 않았고, 소유물도 늘지 않았으며, 심플하고 깔끔하게 살게 되었다.

그러나 포기도 앞에서 말한 멈추기처럼 평상시 연습하지 않으면 익숙하게 해낼 수 없다. 따라서 다양한 패턴으로 자신만의 '포기 문장'을 미리 준비해 두자. 예를 들자면 내 머릿속에는 다음과 같은 포기 문장이 있다. 필요할 때 꺼내서 보는 표현집 같은 느낌으로 꼭 활용해 보길 바란다.

### 행동 편 - 원하는 것을 얻지 못하면 일단 물러난다
- 다음에 또 방문했을 때 본다.
- 일주일 동안 상태를 보고 나서는 신경 쓰지 않는다.

- 다른 가게를 돌아다니고 싶어도 삼간다.
- 대체할 것을 찾아다니지 말고 일단 잊는다.

**언어 편 - 집착하지 않고 기분을 전환한다**
- "인연이 없었어."
- "지금은 필요 없을지도 몰라."
- "정말 필요하면 손에 들어오겠지."
- "지금의 나와는 달랐을지도 몰라."

한마디로 밀어서 안 되면 당겨보는 작전이다. 물욕을 한 번에 내려놓을 순 없겠지만 시간을 두고 점점 멀어지는 것은 가능하다. 구매가 덧셈이라면 포기는 뺄셈이다. 두 가지 계산을 모두 잘해야 저소비 생활이 순조로워진다.

한 가지 덧붙이고 싶은 말은 포기하지 않고 해야만 한다는 사고가 오히려 물건이나 그 일에 대한 강한 집착을 만들 수 있다는 것이다. 그런 경우는 '이렇게 해야 해'라고 힘쓰기보다 '포기하지 않아도 돼'라거나 '계속 상황을 보자'라는 식으로 느슨히 생각해 보면 어느새 자연스럽게 포기가 된다.

지나치게 깊이 생각하지 말고, 우선 포기에 익숙해지는 것이 첫걸음이다.

> 저소비 상담실

## Q. 실천하기 귀찮을 땐 어떻게 해야 하나요?

A. 일상에는 귀찮음이 여기저기에 숨어 있다. 휘이 하고 없애려고 하면 끈질기게 따라다니기 때문에 귀찮음을 깨끗이 인정하는 편이 나을 수 있다. 마음속 흐름을 생각해 보면 먼저 귀찮음이 확실히 오고, 그 뒤에 '그래도 할까?'라는 생각이 들 때가 있다. 그럴 때 의욕이 끓어오르는 경우가 자주 있다.

3장에서도 소개한 '그럼에도'를 활용하는 방법도 괜찮다. "귀찮아. 그럼에도 하려고 하는 나는 정말 대단해"라고 스스로 칭찬하면 생각보다 쉽게 행동으로 옮길 수 있다.

하지만 세상에는 성실한 사람이 많아서 굳이 안 해도 되는 일까지 해야 한다고 믿고, 귀찮다(하기 싫다)고 생각하는 사람도 적지 않다. 그래서 보통은 하지 않아도 되는 일들도 생활 속에 다수 섞여 있다.

    자신이 귀찮다고 생각하는 일이 순수하게 피곤해서 귀찮은 것인지, 하기 싫어서 귀찮은 것인지 생각해 보면 다음에 해야 할 행동이 떠오르지 않을까?

**맺음말**

## 행복에 대해 생각하다

 갑자기 고상한 말을 하는 것 같은데, 행복은 계속 생각하다 보면 언젠가 실감할 수 있다.
 안타깝게도 행복에 대해 계속 생각할 기회가 없으면 아무리 행복하다고 해도 그것이 당연한 줄 알고 익숙해진다. 그런 익숙함을 방지하기 위해서라도 조금은 불편함이 있어야 한다는 생각이 든다.
 내가 저소비 생활을 선호하는 것은 약간의 불편함이 있거나 소비를 절제하는 생활을 하면 내가 무엇에서 행복을 느끼는지 스스로 계속 물음을 던질 수 있기 때문이다. 돈을 마구 쓸 때보다 행복이 훨씬 잘 느껴진다고 확신한다.

사실 우리가 '나는 행복한 걸까?'라고 자주 생각하는 것이 불행의 씨앗이라는 느낌도 든다. '나는 행복한 걸까?'라는 의문을 품으면 품을수록 여러 가지 소유물이나 서비스가 필요하다는 마음이 들고, 그만큼 돈을 사용할 필연성이 증가한다.

행복해지고 싶어서라기보다 '지금 나는 행복한 걸까?'라는 의문을 불식시키고 싶어서 돈을 사용하는 쪽이 많지 않을까? (단 한 치의 오차도 없이 "나는 행복하다"라고 단언하기 위해 돈을 쓰는 사람도 있을 수 있으므로 이 부분은 어려운 문제다.)

나는 저소비 생활을 통해 "이게 행복일지도 몰라"라고 나 자신에게 계속 되뇌고 있다. 녹음이 짙어지는 계절, 근처에 산책하러 나가서 '이게 행복일지도 몰라'라고 생각하고, 아침에 기분 좋게 일어나서 '이게 행복일지도 몰라'라고 생각하며, 내가 떠올린 아이디어를 바로 실행할 수 있으면 '행복은 이런 건가?'라고 생각한다. 계속 행복한 상태에 머무른다기보다 행복할지도 모른다고 느끼는 순간이 있다는 것이 중요하다.

"이것을 가지면 행복해진다", "저것이 있으면 행복해진다"라고 처음부터 행복을 보증하거나 제시해 주는 것들이 분명 행복이라고 생각했는데, 그렇지 않았다. 주어진 것이 아니라 스스로 느끼고, 스스로 찾아냈다고 인식하는 것도 중요하다.

행복이라는 말을 들으면 흔히 네잎클로버가 떠올랐는데, 모두가 네잎클로버를 찾거나 손에 넣지 않아도 된다. 내가 좋아하는 것을 행복의 상징으로 삼아야 나의 행복을 계속 떠올리게 될 것이다.

네잎클로버를 찾지 못했다고 침울해하거나 콤플렉스로 느낄 필요는 없다. 2억 원짜리 네잎클로버가 있는데, 그것을 사지 못한다고 해서 불행한 것은 아니다. 더 저렴하거나 값으로 따질 수 없는 것을 스스로 찾아나가야 한다.

행복은 수시로 갱신된다. 사람의 생활에 '이것으로 완

성'이라는 것은 없기 때문이다. 행복을 느끼기 어려워질 때 저소비로 살아보면 행복을 느끼는 감각을 되찾을 수 있을지도 모른다. 그것을 다시 살펴보는 방법을 내 방식대로 이 책에 정리했다. 하나하나 점검하듯이 나가는 것이 결국은 지름길이다.

사소한 일이라고 해도 무엇이 어떻게 영향을 주는지는 신만이 안다. 그러니 자기 마음대로 판단하지 말고, 일단 무엇이든 해보자. 나에게 행복을 줄 만한 고소비 대상을 계속 바꿔가는 삶도 있지만, 내 행복 감지 기능을 스스로 조정하는 저소비 생활이 나는 취향에 맞는다.

행복한 삶은 누가 주는 것이 아니라 내 손으로 만드는 것이다. 자유롭게 사용할 수 있는 돈이라는 도구가 있으면 무심코 잊어버리지만, 자기 손으로 행복을 만들어 제대로 느낄 수 있어야 한다.

나도 매일 내 생활을 살펴보고 있지만, 이 책이 다시 행복을 느낄 수 있는 하나의 기회가 되기를 바란다. 여러분의 멋진 저소비 생활을 응원한다.

**옮긴이 정지영**

대진대학교 일본학과를 졸업한 뒤 출판사에서 수년간 일본도서 기획 및 번역, 편집 업무를 담당하다 보니 어느새 번역의 매력에 푹 빠져버렸다. 현재는 엔터스코리아 출판기획 및 일본어 전문 번역가로 활동 중이다.

주요 역서로는 《나는 습관을 조금 바꾸기로 했다》, 《감정이 행동이 되지 않게》, 《디자인이 한눈에 보이는 책방도감》, 《자기주관으로 나의 언어를 만들어라》, 《일을 잘 맡기는 기술》, 《인생은 당신의 말로 결정된다》, 《행복한 사람은 단순하게 삽니다》, 《습관 디자인 45》 등이 있다.

## 저소비 생활

**1판 1쇄 발행** 2025년 9월 17일
**1판 8쇄 발행** 2025년 12월 10일

**지은이** 가제노타미
**옮긴이** 정지영

**발행인** 양원석  **편집장** 차선화  **책임편집** 박시솔
**디자인** 최승원, 김미선  **영업마케팅** 윤송, 김지현, 최현윤, 유민경, 김수윤
**해외저작권** 임이안, 이은지, 안효주

**펴낸 곳** ㈜알에이치코리아
**주소** 서울시 금천구 가산디지털2로 53, 20층 (가산동, 한라시그마밸리)
**편집문의** 02-6443-8890  **도서문의** 02-6443-8800
**홈페이지** http://rhk.co.kr
**등록** 2004년 1월 15일 제2-3726호

ISBN 978-89-255-7322-9 (03190)

※ 이 책은 ㈜알에이치코리아가 저작권자와의 계약에 따라 발행한 것이므로 본사의 서면 허락 없이는 어떠한 형태나 수단으로도 이 책의 내용을 이용하지 못합니다.

※ 잘못된 책은 구입하신 서점에서 바꾸어 드립니다.

※ 책값은 뒤표지에 있습니다.